GABRIELA CIUCUROVSCHI

VORBEȘTI CU COPILUL TĂU

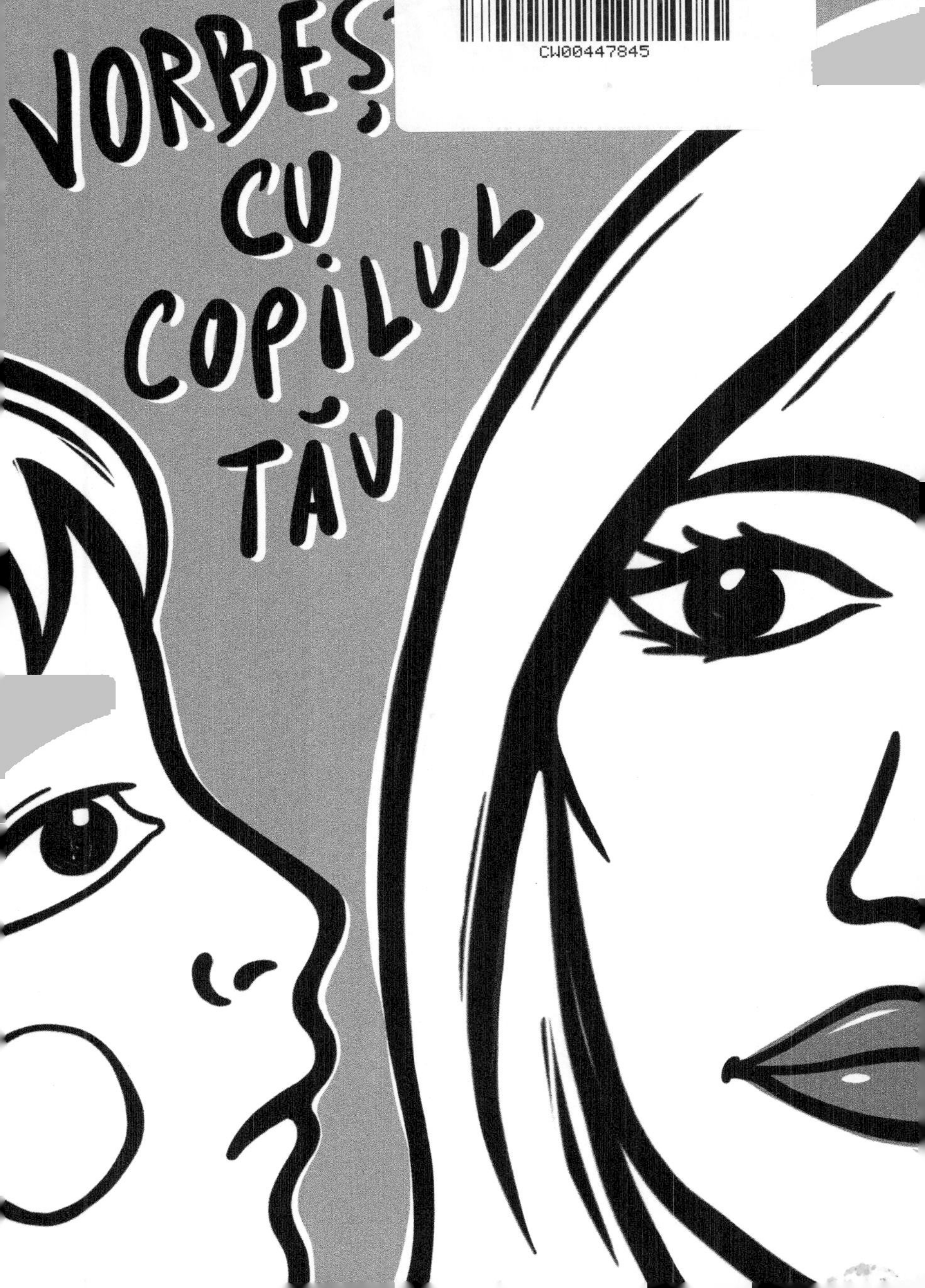

Gabriela Ciucurovschi

VORBEŞTE CU COPILUL TĂU

Descrierea CIP a Bibliotecii Naţionale a României
CIUCUROVSCHI, GABRIELA
Vorbeşte cu copilul tău / Ciucurovschi Gabriela;
red.: Gabriela Panaite. -
Otopeni : Benefica International, 2013
ISBN 978-606-93350-1-7

I. Panaite, Gabriela (red.)

COMENZI PENTRU LIBRARI
ŞI DISTRIBUITORI DE CARTE

Tel. 0721 101 888 // 0721 101 884
021 323 19 85
office@editurabenefica.ro

Tipărit în România

Cititorilor mei,
care prin gândul bun
şi aprecierea lor mi-au dat forţă,
sprijinindu-mă în scrierea acestei cărţi

Cuprins

Cuvânt înainte

Această carte îţi vorbeşte despre unul dintre cele mai însemnate aspecte ale vieţii tale, relaţia cu copilul tău. Este vorba despre tine, despre el, despre valoarea educaţiei, despre realitatea în care trăim şi despre cum putem să ne facem existenţa mai frumoasă. În esenţă, îţi vorbeşte despre lucrurile care contează cu adevărat.

Vreau să fac două precizări încă de la început. Eu îţi vorbesc despre relaţia cu copilul şi nu cu copiii, fiindcă e posibil ca tu să fii în situaţia de a avea doi sau mai mulţi copii. Fac acest lucru pentru că, indiferent de câţi copii ai avea, relaţia cu fiecare este *individuală* şi *unică*. Fiecare relaţie are parte de propria muncă de creaţie. Despre asta e vorba aici. Desigur că sunt lucruri de spus legate de existenţa mai multor copii în familie, de relaţia dintre părinţi şi copii, de relaţia dintre fraţi. Dar, cu toate că e posibil ca şi ele să fie atinse în trecere, nu acestea reprezintă subiectul cărţii de faţă.

Cea de-a doua precizare se referă la faptul că vorbesc din perspectiva părintelui, şi nu a părinţilor. Desigur, în calitate de părinţi, amândoi sunteţi la fel de importanţi pentru copil, iar cooperarea voastră este esenţială în procesul de creştere şi educare a acestuia. Armonia dintre voi se va răsfrânge şi asupra lui. Dar cartea abordează relaţia *ta* cu el, şi nu a voastră. Pentru că, deşi lucrurile există întotdeauna într-un context, în final, ceea ce faci sau nu depinde doar de tine, în ciuda influenţelor. Fiecare dintre noi ne raportăm într-un fel la mama, în alt fel la tata şi în inima noastră există o relaţie individuală cu fiecare în parte.

Ştiu cât de important este contextul în care te afli, în care îţi creşti copilul, dacă te înţelegi sau nu cu partenerul de cuplu asupra educaţiei copilului. Ştiu şi te înţeleg din toată inima. Îţi doreşti ca mediul şi condiţiile în care creşte copilul tău să fie cât mai bune. Realitatea însă ne surprinde întotdeauna. De aceea, trebuie să învăţăm să facem tot ce putem mai bine cu realitatea pe care o trăim.

Viaţa este o experienţă continuă, o experienţă în care ne apropiem sau ne îndepărtăm de noi înşine şi de ceilalţi.

Una din experienţele însemnate ale vieţii noastre este aceea în care ne lăsăm amprenta asupra altora, în care îi influenţăm pe alţii, în special pe cel căruia i-am dat viaţă: copilul nostru, fiinţă din fiinţa noastră.

Adevărurile din această carte le avem în noi, şi peste tot şi în toate le putem vedea. Însă perspectiva acestei cărţi poate să te ajute să le găseşti mai uşor, să le înţelegi sau să ţi le reaminteşti, dacă le-ai regăsit la un moment dat şi le-ai pierdut din nou.

Un lucru te rog să nu uiţi: suntem ajutoare şi învăţători unul pentru celălalt, dar nimeni nu poate să facă în locul tău ceea ce trebuie tu să faci.

1
Tu şi copilul tău — o relaţie pe viaţă —

Câţi dintre noi realizează, în momentul în care aşteaptă un copil, că se naşte o relaţie pe viaţă? Câţi dintre noi îşi dau seama că, din momentul concepţiei, fiecare gând, fiecare cuvânt sau gest reprezintă o cărămidă la baza acelei relaţii?

Atunci când aşteaptă un copil, şi chiar după ce el s-a născut, părinţii abordează mica fiinţă doar prin prisma nevoilor acesteia, reale sau presupuse. Se întâmplă deseori ca părinţii să facă acest lucru toată viaţa, adică toată concentrarea lor să se canalizeze pe ceea ce îşi imaginează că ar avea nevoie copilul, sau pe ceea ce îşi doresc ei înşişi ca el să aibă. Accentul cade pe faptul de „a avea". De la mâncare, haine şi jucării — de la cele mai simple până la cele mai sofisticate — şi până la un serviciu bun, o casă, o maşină... tot ceea ce crede omul modern că are nevoie pentru a fi fericit.

Prinşi în vâltoarea eforturilor de a asigura o viaţă confortabilă copilului, de multe ori părinţii nu conştientizează că, în viaţa lor, a apărut nu doar o nouă fiinţă, ci şi o nouă relaţie. Şi, ca orice relaţie durabilă, aceasta se construieşte *conştient*. În fiecare moment trebuie să îţi dai seama unde pot duce lucrurile pe care le spui sau le faci.

Relaţia cu copilul tău este unică prin *longevitatea* ei. Este o relaţie care începe în momentul în care ai hotărât să îi dai viaţă. Din acel moment, poţi să te gândeşti la cum ai vrea să fie viaţa lui sau viaţa ta de acum înainte, două lucruri distincte, de altfel, dar şi relaţia dintre voi. Dincolo de viitorul lui şi al tău, există un viitor comun, la construirea căruia TU ai cea mai mare contribuţie.

Relaţia cu copilul tău este fundamentală atât vieţii tale, cât şi vieţii lui. Este o legătură în care influenţele reciproce sunt majore şi nici unul dintre voi doi nu îşi poate construi fericirea în afara acestei influenţe. Oricât de multe lucruri ai realiza în viaţă, fericirea ta va fi umbrită, dacă fiinţa căreia i-ai dat viaţă se înstrăinează de tine. Din momentul în care s-a născut, inima ta de părinte a tresărit la fiecare bucurie sau durere a lui. Şi aşa va fi şi pe mai departe. Şi, oricât de mult vei dori să-l ajuţi, când va fi adult, cu un sfat sau o vorbă bună, nu vei putea face asta decât dacă ai construit în timp o relaţie bazată pe încredere şi iubire.

Odată cu intrarea în adolescenţă şi, mai târziu, în viaţa adultă a copilului tău, te vei transforma din jucător în prima linie în spectator. Dar nu în orice fel de spectator, ci într-unul implicat până în străfundul sufletului în jocul de pe teren. Şi abia atunci îţi vei da seama cât de bun jucător ai fost în echipa pe care ai făcut-o cu copilul tău, în perioada copilăriei lui. Orice mişcare bună a copilului tău te va face să sari în sus de bucurie şi orice ratare sau accidentare te va durea mai tare decât propria-ţi rănire. Şi, oricât de mult ţi-ai dori ca tu să fii cel rănit în locul lui, îţi vei da seama că, ceea ce poţi să faci, ca părinte, pentru el, a fost deja făcut. Şi că ceea ce contează acum în viaţa lui este ceea ce i-ai dăruit sau nu până atunci, încât să facă faţă provocărilor vieţii.

Relaţia cu copilul tău este un dat, din perspectiva duratei. Calitatea ei, însă, nu mai este ceva de la sine înţeles, ci este rezultatul a ceea ce ai construit în ani de zile. Şi tot ceea ce ai pus de-a lungul timpului în ea se va vedea. Vei culege prin copilul tău roadele gândurilor, cuvintelor şi faptelor tale.

Fiecare pas pe care îl faci în această relaţie îşi are ecoul peste ani. Dacă îţi doreşti încrederea şi respectul lui de adult, ai grijă la ce îi dăruieşti cât este mic. Când este copil, nu ştii ce se ascunde sub ascultarea lui faţă de tine. Poate să te asculte pentru că înţelege sensul a ceea ce îi spui, sau poate să te asculte de frică, de nevoie, pentru că este mic şi nu are cum să se impună în faţa unui adult. Armele sunt inegale.

Ca în orice relaţie, *partea ascunsă* este cea care contează cel mai mult. Adică ceea ce gândeşte şi simte fiecare. Gândirea şi simţirea străjuiesc relaţia şi dau pulsul acesteia. Nu contează cum arată ea din afară, contează *ceea ce este,* în fapt.

Sunt multe situaţii în care oamenii se mulţumesc cu forma, fără să ia seama la întunericul din adâncul sufletului celuilalt. În cazul părinţilor, se întâmplă ca aceştia să îşi facă un ţel din reuşitele sociale ale copiilor, aşa cum arată ele în viziunea proprie şi indiferent de cum sunt resimţite în sufletul copilului. Iar sufletul unui copil este extrem de expus în relaţia cu un adult, care de multe ori uită că a fost şi el copil şi începe să aibă aşteptări de adult de la cel mic.

Dacă ai putea deschide sufletul unui copil, ai avea posibilitatea să vezi câte răni sunt acolo. Viaţa le îngroapă adesea, dar asta nu înseamnă că ele dispar. Din când în când, îşi fac simţită prezenţa sub diferite forme. Agresivitate fără motiv, tristeţe şi depresie fără cauză. Şi rănile astea prind rădăcini ce se întind în viaţa de adult, făcând-o din când în când să se cutremure.

Se întâmplă frecvent ca părinţii, deşi au suferit ca şi copii de pe urma unui anumit tip de comportament părintesc, să reproducă în mod inconştient acel comportament în relaţia cu copilul lor. În situaţia aceasta, lucrurile pot lua o întorsătură mult mai gravă. Dacă generaţia anterioară a greşit poate din cauza ignoranţei, generaţia următoare, scutită de ignoranţă, reia aceeaşi greşeală. O frustrare adânc ascunsă a copilăriei îl împinge pe cel ajuns adult, pe măsura trecerii timpului, să schimbe rolurile şi să devină el cel ce produce, nu suferă, frustrări. Iar instrumentele de repetare a greşelii devin cu atât mai rafinate şi mai perfide, cu cât cel care le foloseşte este mai evoluat.

Ca şi viaţa însăşi, o relaţie nu e statică. Dinamica ei depinde de persoanele implicate. Până la adolescenţă şi până ce devine adult copilul tău, dinamica relaţiei voastre depinde în mare parte de tine, de timpul pe care i-l acorzi şi de ceea ce faci efectiv împreună cu el. De cât de mult vorbeşti, te joci cu el, sau de câte lucruri împărtăşiţi.

Dinamica relaţiei voastre nu seamănă cu dinamica nici unei alte relaţii. Ea porneşte de la un raport inegal de forţe, când copilul e mic şi abia descoperă viaţa, iar tu, adult, trebuie să fii puternic pentru a-l apăra şi ajuta. Apoi, trece printr-un raport de relativă egalitate, când adultul din el vrea să îşi trăiască viaţa aşa cum consideră de cuviinţă. Iar, în final, raportul de forţe devine invers inegal, când puterile tale fizice scad, ca şi implicarea socială, iar el se află în plenitudinea forţelor sale.

Dacă vei aborda relaţia cu el din perspectiva acestui joc de forţe, pregăteşte-te să fii tare pentru momentul în care nu vei mai fi tu cel care dictează regulile jocului.

Dacă, în schimb, vei aborda relaţia din perspectiva iubirii şi a respectului faţă de o altă individualitate, atunci fii gata să guşti din plenitudinea unei relaţii fericite. Fiecare dintre voi va putea găsi resursele de a se împlini nu doar prin sine însuşi, ci şi prin celălalt. Fiecare dintre voi va putea fi izvor pentru bucuria celuilalt.

Relaţia pe care o construieşti cu copilul tău va constitui un tipar pe care el îl va recrea de-a lungul vieţii. Şi, chiar dacă relaţiile lui nu vor fi similare, legătura dintre voi va constitui cel puţin punctul de plecare pentru celelalte relaţii din viaţa lui. Relaţia voastră bazată pe respect şi onestitate va atrage alte relaţii bazate pe aceleaşi valori în viaţa lui. Aşa cum o relaţie bazată pe putere şi control va face ca viaţa lui să graviteze în jurul acestor forţe.

Unul dintre factorii care de multe ori face ravagii în relaţiile noastre este nevoia de siguranţă. Nevoia părintelui de a-şi plasa copilul într-o zonă de siguranţă poate afecta mult relaţia cu acesta. Chiar viaţa copilului poate fi direcţionată spre drumuri ce nu i se potrivesc, din aceeaşi dorinţă: de a-l şti în siguranţă.

În numele acestei siguranţe, oamenii ajung să facă lucruri care le displac şi care, în final, le pot face viaţa un iad. Pentru că orice pas pe care îl facem, orice alegere ne duce pe un anumit drum, fiecare cu finalitatea lui.

Sigur, ca părinte eşti dator să-i asiguri copilului o siguranţă a existenţei, condiţii decente de viaţă şi mai ales siguranţă emoţională. Dar, adeseori, părinţii îşi împing copiii spre diferite alegeri care nu li se potrivesc, doar pe motiv că „le va prinde bine mai târziu". Că, fiind mici, nu ştiu, nu-şi dau seama şi vor afla ei mai târziu. Ei bine, în acest proces de ghidare a copilului prin oceanul vieţii, trebuie să ţii cont de el, pentru că este viaţa lui în joc şi, în final, ceea ce îşi doreşte el contează. Copilul este un teren virgin doar în ceea ce priveşte viaţa socială, altfel este o fiinţă care ştie, *simte* singură dacă alegerile i se potrivesc sau nu. Pe măsură ce tu, ca părinte, îi deschizi mai multe uşi în viaţă, doar el este cel care ştie ce i se potriveşte cel mai bine.

Una dintre puţinele certitudini ale vieţii este aceea că fiecare om vrea să fie fericit. Cunoşti pe cineva care să îşi dorească să fie nefericit? Viaţa noastră, a tuturor, gravitează în jurul acestei nevoi interioare. Tot ceea ce înfăptuim porneşte din acest impuls. Deşi, din ignoranţă, neglijenţă sau egoism, se poate ca faptele noastre mai mult să ne îndeparteze decât să ne apropie de fericire.

Ca părinţi, putem face lucruri pentru binele şi fericirea copilului nostru, care, totuşi, să îl îndepărteze de ea. Dacă se întâmplă aşa, atunci fii convins că asta îl va îndepărta şi de tine. Ca, de pildă, constrângerea lui de a alege un anumit drum profesional, pe care, mai târziu, să se simtă total nefericit şi neîmplinit. O altă situaţie este aceea în care copilul petrece prea mult timp cu calculatorul, televizorul sau alte aparaturi electronice de ultimă generaţie, ceea ce îl îndepărtează, de cele mai multe ori, de capacitatea de a construi în cadrul relaţiilor interumane, de bucuria lecturii, a contemplării etc. Dacă îţi laşi copilul fără limită în faţa televizorului sau a calculatorului pentru ca tu să îţi poţi vedea liniştit de ale tale, cum vei putea mai târziu să vorbeşti cu el ca de la părinte la copil, când nu ai creat acest obicei de la început?

Nu toate bunele intenţii se finalizează cu bine. Singurul mod în care putem influenţa acest proces — faptul de a lucra spre binele copilului — este acela de a conştientiza la ce pot duce acţiunile tale, de a înţelege că fiecare acţiune sau gând al tău are un efect, indiferent că vrei sau nu. Şi pentru fiecare lucru care se manifestă în viaţa ta există o cauză.

Nu tot ceea ce pare bun pe moment este bun şi pentru viitor. Valoarea unei acţiuni se vede în timp.

Tendinţa părinţilor de a controla viaţa şi destinul copilului împiedică manifestarea lui liberă şi creează obstacole în dezvoltarea optimă a acestuia. Părintele face eforturi să nu piardă controlul, de teamă că asta l-ar situa pe o poziţie inferioară copilului. Teama de a nu pierde puterea şi controlul, împreună cu încercarea de a crea o siguranţă permanentă pentru copil *modifică,* de fapt, cursul firesc al vieţii acestuia.

O relaţie sănătoasă este aceea în care fiecare se dezvăluie aşa cum este, cu bune şi cu rele, cu nevoile şi dorinţele sale, fără teama de a fi judecat. O relaţie adevărată presupune să ştii să asculţi cu adevărat şi să-l înţelegi pe celălalt dincolo de cuvinte.

Nu vei putea să-ţi cunoşti copilul şi să-l înţelegi, câtă vreme nu cunoşti lumea în care trăieşte el. Nu vei putea să ţi-l apropii, dacă îl vei raporta pe el la lumea în care ai crescut tu.

Rezumat la final de capitol

- Relaţia cu părinţii şi cu copiii noştri este o relaţie fără limită de timp. Ea va dăinui atâta timp cât trăim, indiferent de distanţa dintre noi, de absenţa comunicării sau de absenţa fizică. Această uniune se află în noi şi nimic nu o poate rupe.
- Relaţia cu copilul tău se construieşte conştient iar tu ai cea mai mare contribuţie.
- Ai grijă la partea ascunsă a relaţiei, la lucrurile care nu se văd, dar care există în sufletul copilului tău.
- Copilul simte ce i se potriveşte cel mai bine.
- Copilul tău este într-o continuă transformare, cu care tu trebuie să ţii pasul. Relaţia voastră nu este statică, ea se modifică permanent.
- Odată cu intrarea în adolescenţă, influenţa ta asupra copilului scade şi ceea ce va conta va fi

ceea ce ai construit până atunci, tot ceea ce i-ai dăruit pentru a face faţă provocărilor vieţii.

- Tot ceea ce îi transmiţi copilului tău se va întoarce la tine, în timp.
- Crearea unei relaţii sănătoase cu el îl va ajuta să dezvolte, la rândul lui, relaţii similare în viaţă.

2
Lumea în care trăieşte copilul tău

Lumea se schimbă şi copiii noştri — odată cu ea. Societatea, ca şi viaţa însăşi, se află dintotdeauna într-o permanentă schimbare. Acum, însă, acest proces de schimbare este mult accelerat.

Priveşte cu atenţie în jur. Seamănă viaţa de acum cu cea din copilăria ta? Există experienţe în trecutul tău pe care nu le regăseşti în viaţa propriului copil? Îţi doreşti ca şi copilul tău să simtă din gustul zilei fără sfârşit, ziua în care te cufundai în joc uitând de mâncare sau de alte nevoi, ziua în care eraţi doar tu şi joaca ta?

De foarte devreme, copiii noştri sunt aruncaţi într-un ritm tot mai ameţitor. SĂ FACĂ tot timpul ceva, nu cumva să se transforme în nişte leneşi care să aştepte să le pice para mălăiaţă. SĂ ÎNVEŢE, mai precis să memoreze, adică să acumuleze informaţie, pentru că aşa cere programa şcolară, respectiv sistemul. SĂ AIBĂ, ca nu cumva să se simtă mai prejos faţă de ceilalţi.

Desigur că viaţa înseamnă şi să faci, şi să înveţi, şi să ai. Dar, când ajunge să însemne doar asta, sau mai ales asta, atunci suferinţa omului este imensă, pentru că s-a îndepărtat de sine. El începe să se confunde cu lucrurile pe care le face sau le are şi suferă pentru că s-a pierdut pe sine în acest proces continuu, în care are ceva de făcut.

*

Ritmul în care am ajuns să trăim noi, astăzi, a devenit infernal. Suntem într-o goană şi o suprasolicitare continuă, cu mintea plină de lucruri de făcut. Atenţia ne este permanent îndreptată spre rezolvarea problemelor de pe lista scrisă sau mentală, care, oricât am fi de eficienţi, nu se termină niciodată. Dinamica vieţii noastre cotidiene ne ţine într-o stare de continuă alertă. Suntem în orice moment pregătiţi să facem faţă unei noi solicitări. Ritmul acesta, care ne îndepărtează de noi înşine, ne afectează corpul, sufletul şi mintea. Ca părinţi, nu avem suficient timp pentru noi înşine şi nici pentru copiii noştri. Câţi copii nu au inima tristă, în acest moment, de lipsa părinţilor de lângă ei? Cât despre copii, nici nu au apărut bine în viaţă şi intră în caruselul ameţitor al vieţii sociale de azi. Opreşte-te o clipă şi gândeşte-te: *acesta era şi ritmul copilăriei tale? Dar al părinţilor tăi?*

Pentru că, deşi viaţa socială a devenit din ce în ce mai dinamică de la o generaţie la alta şi fiecare generaţie nu a fost lipsită de transformări sociale, în ultimele decenii această dinamică s-a accelerat într-atât, încât fiinţa umană se poate pierde cu uşurinţă în tumultul în care trăieşte.

Ritmul alert al părinţilor agresează copiii. Ştii bine cât de în contratimp este cu părintele lui un copil smuls din somn, îmbrăcat în grabă, înşfăcat de o mână şi dus la grădiniţă sau la şcoală. Şi această nepotrivire de ritm se păstrează, de multe ori, toată viaţa. Când îmbătrânim, vedem mai uşor lucrurile cu adevărat importante şi ne acordăm mai uşor cu ritmul nepoţilor. Dar pentru copiii noştri poate fi prea târziu, deja sunt şi ei în ritmul pe care am reuşit să-l dăm mai departe cu succes.

Mai mult ca niciodată, omul are nevoie de un plus de voinţă şi de conştientizare pentru a se regăsi.

Avem nevoie să găsim acel ritm care să se acordeze perfect cu ritmul nostru interior. Şi acest lucru îl putem face doar dacă ne oprim pentru o clipă din ceea ce facem. Indiferent de câte lucruri aşteaptă să fie făcute. Apoi, ne luăm răgazul de a privi cu atenţie la ele. Sunt oare toate la fel de importante? Care sunt cele mai importante pentru noi? Care sunt cele la care putem renunţa? Sunt lucruri care mai pot aştepta? Care sunt acelea care se vor reflecta în viitorul nostru? Dar în cel al copiilor noştri? Şi, în cele din urmă, ne putem întreba: ce ne-ar plăcea să facem cu adevărat, dacă nu am fi forţaţi de împrejurări? Şi putem să facem asta nu la modul general, ci la scară mică: „ce mi-ar plăcea să fac acum, în acest moment, dacă aş avea libertatea de a face orice?“ Pentru că un moment, o clipă în care facem ceea ce ne produce plăcere cu adevărat pot fi mai importante decât un an din viaţă de eforturi intense pentru a realiza ceva. Această clipă, în care de fapt ne hrănim sufletul, poate fi sursa noastră de fericire şi de energie pentru responsabilităţile din viaţa noastră.

Viitorul nostru este *prezentul. Trăind prezentul frumos, viitorul nu poate arăta altfel.* Şi vine o zi când e mai potrivit să acceptăm că nu putem face toate acele lucruri cu care ne trezim în cârcă, la un moment dat. Lucruri pe care viaţa socială ni le îndeasă în desagă, dacă nu suntem vigilenţi. Ca să facem faţă, trebuie să ne stabilim priorităţile şi să alegem. Dar traista plină ne poate tulbura simţurile şi, uneori, avem nevoie să o aruncăm cât colo ca să ne recăpătăm luciditatea şi să ne dăm seama care sunt lucrurile de care avem nevoie cu adevărat. Atunci când ne îndepărtăm de o situaţie, puterea ei asupra noastră scade, iar unghiul diferit din care o privim poate aduce noi înţelesuri şi clarificări.

*

Informaţia din zilele noastre a devenit copleşitoare. Multă şi foarte diversificată, în toate domeniile. Iar accesul la ea îl poate avea aproape oricine. Cum ne afectează aceasta cantitate masivă de informaţii?

Adesea primim informaţii complet diferite despre acelaşi subiect, informaţii care se bat cap în cap, ceea ce ne creează o dilemă, un conflict interior. Pe cine să crezi? Ce sursă pare mai credibilă? De cele mai multe ori, efectul este o stare de confuzie generală. Dacă aruncăm o privire în jur, putem vedea o societate *confuză*. Oamenii nu mai ştiu pe cine sau ce să creadă când aud despre acelaşi lucru variante atât de diferite. Care este adevărul? Cu cât informaţia este mai multă şi mai diversificată, cu atât nehotărârea şi necredinţa oamenilor este mai mare. Psihologia este simplă. Atunci când avem de ales între două perechi de pantofi, ne putem hotărî mult mai repede decât atunci când avem de ales între zece sau o sută. Este mult mai uşor să comparăm două lucruri între ele decât mai multe. Cu cât avem mai multă informaţie, mai multe lucruri în discuţie, cu atât avem şi mai multe variabile de analizat. Şi, de multe ori, când primim informaţii foarte diferite despre acelaşi subiect, sfârşim prin a nu mai crede nimic, pentru că nu avem cum să ştim care este adevărul, iar totul se traduce pentru noi într-o stare de disonanţă şi de confuzie.

Copiii noştri, ca şi noi, trec prin acest conflict interior. Ca şi noi, ei sunt suprasaturaţi de informaţie. Dar situaţia lor este mult mai dificilă. Pentru că este diferită de a noastră. Dincolo de oboseala psihică generată de volumul de informaţie care pluteşte în jurul nostru, ei sunt obligaţi să o şi înregistreze. Limitele lor sunt încercate de programele de învăţământ care îi obligă să memoreze tone de informaţii, cele mai multe fără nici o utilitate. Informaţia predată în şcoli s-a îndepărtat de *scopul adevărat* al predării ei, şi anume acela de a ne fi *utilă* în viaţă, de a o putea folosi în practica vieţii noastre. Copiii noştri se forţează încercând să memoreze lucruri care nu le vor fi de folos niciodată.

Manualele şcolare abundă de informaţie extrem de multă şi de nestructurată, pusă alandala acolo, bună doar să îţi zăpăcească mintea. Tot acest efort copleşitor pentru copil îl face să îşi piardă interesul şi pentru lucrurile care ar fi putut, altfel, să îi placă.

Efectul psihologic al acestei masive cantităţi de informaţii asupra copiilor este devastator. Pe de o parte, îi îndepărtează de domeniile care ar putea să îi intereseze cu adevărat, iar, pe de altă parte, *le subminează încrederea în ei.* Copiii nu ştiu că aceste programe şi manuale şcolare ar putea fi concepute greşit, fără o corelare între capacitatea copilului de a învăţa şi volumul de informaţie, sau între informaţie şi utilitatea ei, şi cred, în sinea lor, că ei sunt cei incapabili. Odată subminată încrederea, evoluţia lor va fi cu totul alta decât cea a unui om încrezător în capacitatea lui de a răzbi în viaţă şi de a-şi croi singur destinul.

*

Televiziunea exercită, în prezent, una dintre cele mai mari influenţe asupra minţii umane. Deşi televizorul a pătruns în viaţa noastră abia pe la 1930, în mai puţin de un secol puterea lui asupra omului a crescut într-atât, încât i-a acaparat mare parte din viaţă, influenţându-i starea de spirit şi deciziile.

Copiii de acum cresc sub influenţa televizorului, petrecând foarte mult timp în faţa lui. Influenţa acestuia se manifestă în special asupra psihicului copilului[1], afectându-i procesele mentale şi având ca efect scăderea atenţiei, a capacităţii de concentrare şi a capacităţii de gândire reflexivă, creşterea impulsivităţii, a violenţei. Efectele nocive se reflectă şi în capacitatea de relaţionare cu lumea reală, afectând percepţiile copilului asupra acesteia.

Pe termen lung, efectele televizorului se pot vedea în creşterea greutăţii ca urmare a sedentarismului, în creşterea autismului, a riscului de boală, în dispariţia plăcerii de a citi. Problematică şi insidioasă este preluarea unor modele de comportament şi încercarea de a le aplica în viaţa reală, ca şi crearea unor aşteptări nerealiste sau superficiale atât de la propria persoană, cât şi de la cei din jur. Imaginile unor top-modele cu care se compară,

---

[1] Vezi Gheorghe, Virgiliu. *Efectele televiziunii asupra minţii umane*, Bucureşti, Editura Prodromos, 2008

fericirea atât de uşor livrată pe ecrane prefigurează din start depresiile şi eşecul în relaţii ale adultului, de mai târziu.

Televiziunea este unul dintre cele mai importante mijloace prin care pot fi influenţate masele. Dat fiind că ajunge aproape în toate casele, este mijlocul cel mai facil şi mai rapid de influenţare a mentalului colectiv. Şi, pentru că a avea televizor sau a te uita la el este un lucru banal în zilele noastre, influenţa acestuia este neobservată, subtilă, dar profundă.

Cuvinte, sunete şi culori sunt combinate într-o aşa manieră, încât omul să nu se poată dezlipi uşor de el. Informaţia, atât cea făţişă, cât şi cea ascunsă, este absorbită de mintea omului, chiar dacă la nivel conştient nu se vede. Odată pătrunsă, ea lucrează în subliminal precum apa care îşi face drum printre pietre, împingând omul să se manifeste într-un anume fel.

Generaţiile care au crescut fără televizor se mai pot sustrage influenţei acestuia, câteodată. Dar copiilor noştri le este foarte greu, pentru că s-au născut cu el şi face parte din firescul vieţii lor, precum mersul la şcoală sau jocul pe calculator.

Dacă te uiţi la ştiri, vezi numai dezastre, informaţii negative, crime, violuri şi alte grozăvii. Te întrebi: oare în lumea asta, în ţara asta, nu se mai întâmplă nimic bun? Pentru că în jurul meu văd oameni minunaţi, văd şi aflu despre oameni care fac lucruri bune şi mă întreb: de ce informaţii de genul acesta nu se dau la ştiri?

Există câteva lucruri care sunt evidente. Ştirile negative induc teama, iar teama este principalul instrument prin care oamenii pot fi controlaţi, supuşi şi determinaţi să acţioneze într-un fel sau în altul. Evenimentele cutremurătoare fac omul să se bucure de viaţa pe care o are şi să-şi limiteze aspiraţiile. Dorinţa pentru o viaţă mai bună poate fi îngropată de bucuria „bine că o avem şi pe asta“ şi, astfel, omul se opreşte din lucrul asupra vieţii lui. *Teama este izvorul gândurilor negative* ale omului şi în jurul ei îşi construieşte acesta întreaga viaţă. Teama de boală, de moarte, de sărăcie, de durere etc. îl fac să acţioneze într-un fel sau în altul, să fie câinos cu un semen doar pentru a se proteja pe sine sau familia, să muncească până nu mai ştie de el ca să-şi asigure viitorul, să fie foarte dur cu propriii copii de teama ca prea multă libertate să nu-i strice şi s-o apuce pe căi greşite etc. *Dacă nu ţi-ar fi teamă, ce ai face cu viaţa ta? Dacă nu ai avea temeri pentru copilul tău, ce s-ar schimba în comportamentul tău faţă de el?* Acestea sunt doar două întrebări la care poţi reflecta şi la care doar tu poţi găsi răspunsul.

Adulţi şi copii, suportăm multe influenţe în viaţă. Dar una este să fii conştient de ele şi să-ţi dai seama încotro te poartă şi alta e să primeşti câte o picătură de otravă la fiecare masă pe care o iei.

*

Calculatorul şi internetul fac parte din viaţa noastră în mod firesc, astfel încât e banal să le ai şi să le foloseşti. Copiii noştri s-au născut şi cresc cu ele şi, de multe ori, ajung să recurgă la aceste instrumente ca la un surogat al vieţii reale. În faţa ecranului se simt mai puternici şi mai capabili să depăşească toate barierele care îi blochează în relaţia reală cu ceilalţi. În faţa ecranului pot îmbrăca orice personalitate îşi doresc, pentru că nimeni nu le poate observa mimica, gesturile şi comportamentul, care i-ar da de gol.

Prin intermediul acestor tehnologii se pot afla şi pot călători, în orice moment, oriunde îşi doresc pe glob şi îşi pot imagina că lumea întreagă e a lor. Şi, totuşi, ceea ce primesc ei este doar informaţie, căci nimic nu poate înlocui o plimbare adevărată, descoperirea unui oraş nou la pas, mersul pe jos în natură şi toate aromele care îţi desfată simţurile când treci prin mijlocul unei păduri. Dar e uşor să confunzi imitaţia cu originalul, mai ales dacă mai întâi ai cunoscut-o pe prima. Copiii care au crescut cu calculatorul, cu jocurile lui, pot crede foarte uşor că şi lumea reală este la fel, că a ucide un om sau o fiinţă în lumea reală este acelaşi lucru cu a-i ucide pe calculator. De aceea, unii pot ajunge la crimă cu sânge rece, fără fir de emoţie, ca şi când întreaga viaţă ar fi un joc.

Aceste tehnologii, menite să ne facă viaţa mai uşoară, creează dependenţă şi fac omul să lenevească în gândire şi-n acţiune. Imaginile colorate de pe ecrane dau impresia că ale tale sunt toate şi accesul facil te poate face să renunţi la a descoperi viaţa cu adevărat.

Toate aceste tehnologii ne-ar face viaţa mai uşoară şi mai frumoasă dacă ar fi folosite cu măsură. Dar asta presupune o înaltă conştiinţă, în care omul realizează că lucrurile care îi uşurează viaţa şi îi facilitează confortul îl pot transforma dintr-o fiinţă care gândeşte şi care îşi creează singură viitorul, într-o fiinţă manipulabilă, influenţabilă, leneşă şi care aşteaptă de la ceilalţi să-i facă viaţa mai bună. Cât de uşor este să te complaci, când ai un grad oarecare de confort! Şi cât de greu este să ieşi la liman, atunci când laşi toate oportunităţile să treacă pe lângă tine!

*

Hrana este un aspect important al dezvoltării fiinţei umane, al sănătăţii ei trupeşti şi spirituale. Alimentaţia actuală este tot mai departe de hrana naturală şi tot mai invadată de alimente rafinate, modificate genetic, de aditivi, nitraţi etc. Copiii noştri sunt înconjuraţi de alimente nocive şi de reclame frumoase care îi îndeamnă să le consume. Alimentaţia este unul dintre principalii factori care pot fi corelaţi cu sănătatea lor.

Legat de alimentaţia copilului, importante sunt obiceiurile alimentare din familie, pentru ca el să îşi însuşească nişte deprinderi sănătoase pe termen lung. (Vezi capitolul „Obiceiurile — a doua noastră natură“ din cartea mea *7 pentru o viaţă — Cele mai importante lucruri pe care le poţi face pentru copilul tău*)

*

Poluarea a devenit tot mai accentuată în ultimele decenii şi este un factor care afectează viaţa tuturor, inclusiv pe cea a copiilor noştri. Mediul în care trăim este, pe zi ce trece, tot mai nociv, aerul şi apa sunt mai poluate, ambientul este tot mai zgomotos, poluarea electromagnetică este tot mai accentuată.

*

Toţi aceşti factori: poluarea, hrana prelucrată şi tot mai chimică, ritmul cotidian, informaţiile care ne înconjoară, televiziunea, calculatorul şi internetul au avut o evoluţie accelerată în ultimii ani, ca urmare a dezvoltării tehnologice. Este adevărat că mediul a suferit schimbări dintotdeauna de la o generaţie la alta şi noi, ca părinţi, am crescut sub alte influenţe decât părinţii noştri. Dar copiii de acum se confruntă cu o schimbare *radicală*, dată fiind revoluţia tehnico-ştiinţifică pe care o trăim. Aceste modificări afectează diferit copiii de adulţi. Personalitatea, ca şi întreaga viaţă psihică a adultului este mai stabilă şi mai greu de influenţat. Spre deosebire de psihicul copilului care este în plin proces de dezvoltare şi formare, foarte vulnerabil în faţa influenţelor.

Modificările din jurul nostru determină modificări *profunde* în copiii noştri şi, ca urmare, cred că se impune să îi abordăm diferit. Vechile moduri de relaţionare nu se mai potrivesc, iar raportarea copiilor la experienţele noastre este, din start, sortită eşecului.

Pentru a ne înţelege copiii, trebuie să ştim cum îi afectează schimbările din jurul lor, care este impactul pe care toţi factorii prezentaţi mai sus îl au asupra dezvoltării lor psihice, fizice şi emoţionale.

Ca părinţi, avem nevoie să ne dezvoltăm *intuiţia*, capacitatea de a simţi copilul şi stările prin care trece acesta. Dacă păstrăm distanţa, nu vom şti niciodată ce se petrece în sufletul lui şi nu vom avea cu adevărat acces la fiinţa lui adevărată.

De noi depinde cum arată mediul în care creşte copilul nostru. Chiar dacă sunt aspecte pe care nu le putem modifica, vom descoperi, analizând cu atenţie, că putem aduce multe schimbări benefice în viaţa lui. De la timpul petrecut cu el şi atenţia pe care i-o acordăm, până la stilul de viaţă pe care îl avem şi care, într-o anumită măsură, se imprimă copilului.

Desigur, fiecare generaţie este influenţată de mediul în care a crescut. Muzica, valorile educaţionale şi morale, contextul social şi economic, aspiraţiile unei generaţii etc. pot fi complet diferite. Într-un fel a influenţat viaţa oamenilor muzica clasică sau jazz-ul, şi în alt fel muzica rap sau hip-hop. Şi spun asta fără intenţia de a valoriza mai mult vreunul dintre genurile muzicale amintite. Dar muzica este una dintre acele influenţe subtile în viaţă, care îşi lasă amprenta în conştiinţa şi în sufletul nostru, cu impact subliminal asupra comportamentului.

Oamenii care aparţin aceleiaşi generaţii au întotdeauna lucruri în comun, lucruri care îi apropie, chiar dacă nu se cunosc. Oamenii de vârste apropiate pot prezenta tipare asemănătoare de gândire, ca rezultat al aceloraşi influenţe externe.

Există fără doar şi poate şi diferenţe în cadrul aceleiaşi generaţii, diferenţe de abordare, de stil, de gusturi, de educaţie, dar dincolo de toate acestea, fiecare generaţie are în comun acel „ceva" prin care se identifică.

Copiii de azi sunt foarte diferiţi de noi. Lucruri care nouă ni se par logice, pentru ei pot să nu aibă niciun înţeles. Situaţiile în care copiii acceptau ceea ce impuneau părinţii doar pentru că aşa doreau aceştia, sau pentru că aveau argumente de adulţi legate de viitorul şi siguranţa copilului, par de neacceptat pentru tinerii de azi.

Şi noi, părinţii de azi, suntem foarte diferiţi de părinţii noştri. Pentru că şi noi, sub impulsul schimbărilor din jurul nostru, ne-am transformat într-o altă direcţie decât aceştia. Cum ar putea, oare, copiii noştri să fie la fel ca noi?!

Viaţa socială este plină de reguli şi de convenienţe pe care trebuie să le respectăm, ca să fim acceptaţi, şi de multe ori *se îndepărtează* şi ea de rostul ei, bucuria şi avantajele traiului în comun. Este mai uşor să trăim împreună decât singuri, este mai plăcut atunci când ai cu cine împărtăşi experienţele. Şi, totuşi, oamenii tind să se înstrăineze, să-şi vadă doar de interesul lor, uitând că interesul comun este şi interesul lor. Multe convenţii sociale ne fac viaţa mai uşoară, dar multe ne-o fac mai grea. Copiii noştri sunt mult mai sensibili la acest aspect, ei nu mai vor să se conformeze. Nu mai vor să spună poezia doar pentru a fi pe placul adulţilor, nu mai vor să se îmbrace cum vor părinţii, pentru că sunt mai conştienţi de propriile gusturi, nu mai vor să facă obligatoriu o facultate pentru că asta îi va ajuta într-un viitor îndepărtat etc. Copiii noştri sunt mult mai conştienţi de prezent, de timpul care se scurge repede, de ceea ce le place şi de ceea ce nu le place.

Desigur, este adevărat că, atunci când aveam vârsta lor, cei mai mulţi dintre noi se revoltau împotriva autorităţii părinţilor şi negau cunoaşterea venită prin experienţa vieţii. Doar că, între timp, am uitat acest lucru şi am schimbat şi rolurile. Am devenit noi părinţi, preocupaţi de siguranţa copiilor noştri.

În general, tot ceea ce fac părinţii pentru copiii lor se raportează la o viaţă socială şi la o societate cărora copilul să le poată face faţă. Şi, pe drept cuvânt. Dar să nu uităm că la această societate am pus şi noi umărul, fiecare după puterile lui. Fiecare gest, fiecare gând al nostru a construit această lume. Şi atunci când orientăm copilul să aibă grijă DOAR de interesul lui, făcând abstracţie de binele celorlalţi, nu ne dăm seama că sarcina lui va fi şi mai grea, atunci când va dori o lume mai bună pentru el şi copiii lui.

*

Ceea ce am încercat să spun în acest capitol este faptul că *Universul* copiilor noştri este complet diferit de al tuturor generaţiilor de până acum. Şi asta face ca ei să fie altfel decât noi şi decât părinţii noştri. Ceea ce impune o abordare diferită, o abordare conştientă, bazată pe cunoaştere, pe iubire necondiţionată dar şi pe intuiţie. Ştiu că unii sunt tentaţi să afirme că fiecare generaţie a cunoscut greutăţile proprii, iar copiii noştri nu sunt *mai cu moţ*. Ceea ce spun eu, însă, este faptul că *ei* sunt cei care suportă efectul celor mai mari descoperiri umane, care în dezvoltarea lor exacerbată, nefirească şi necontrolată afectează trupul, sufletul şi mintea întregii omeniri. Ei sunt cei care suportă consecinţele punerii acestor descoperiri, de altfel foarte importante pentru omenire, în slujba unei societăţi bazate pe consum, ale cărei valori pun accentul pe a avea, a deţine, a poseda, şi nu pe **a fi**.

*

În ciuda acestor influenţe externe care îşi pun amprenta asupra copiilor noştri, e bine să ne privim copiii cu atenţie, pentru a le vedea sufletele deosebite şi să fim conştienţi că *atitudinea noastră interioară* faţă de ei îi poate îndrepta într-o direcţie sau alta. Copiii de azi se nasc cu o sensibilitate aparte, care, direcţionată bine, va face să înflorească atât viaţa lor, cât şi a celor din jur.

Mi se pare reprezentativ exemplul lui Andrei, vânzătorul de cărţi, pe care l-a întâlnit prietena mea, în parc. Călare pe bicicletă, cu un coşuleţ de cărţi în faţă, Andrei, un tânăr de 19 ani, încearcă să o convingă pe prietena mea să cumpere cărţi. Întrebat ce va face cu banii, îşi dezvăluie planul măreţ: vrea să plece la Londra, să urmeze un curs de dezvoltare personală, iar în viitor vrea să devină *coach*, adică un instructor, un ghid, un ajutor pentru semenii lui. Şi adaugă hotărât la final: „Vreau să fac o lume mai bună. Şi încep cu mine." Uită-te cu atenţie în trecut, la cei din generaţia ta: câţi dintre ei au spus, ar fi fost în stare să spună sau să gândească aşa ceva?

Întâmplarea, i l-a mai scos în cale prietenei mele pe Andrei de două ori. Ultima oară, avea deja banii strânşi, biletul pentru Londra luat, înscrierea la curs făcută şi un plan clar pentru următoarea perioadă din viaţa lui. Avea intenţia să rămână la Londra pentru o perioadă şi să câştige banii necesari din „librăria pe bicicletă", pentru tot ceea ce îşi dorea să realizeze. Ce ţel frumos! Ce plan clar! Ce conştiinţă! Câţi dintre noi îşi dau seama că, dacă vor să schimbe ceva în jur, trebuie să înceapă cu ei înşişi?

Rezumat la final de capitol

- Caută să îţi înţelegi copilul prin prisma mediului în care trăieşte. Formarea lui este influenţată de toate caracteristicile acestuia.
- Raportează-ţi înţelegerea la prezent, indiferent de cum arată el, şi nu la trecut.
- Ritmul alert, mediul informatizat, mass-media, calculatorul şi internetul, hrana procesată şi plină de chimicale, poluarea produc consecinţe importante în copiii noştri la nivel fizic, psihic, emoţional şi social.
- Ca să poţi comunica cu copilul tău trebuie să îl înţelegi şi pentru asta ai nevoie să pătrunzi impactul lumii în care trăieşte asupra lui.

3
Vorbeşte cu copilul tău!

Cunoaşterea

A-ţi cunoaşte copilul este esenţial pentru dezvoltarea unei relaţii armonioase cu el. Fără această cunoaştere, drumurile voastre sunt paralele. Dar, ca să îl înţelegi, trebuie să te înţelegi pe tine mai întâi. Ştiu că nu sună deloc confortabil, dar altă cale nu cred că există. Atenţia ta trebuie să fie dublă: la tine şi la el.

Cunoaşterea naturii umane nu trebuie să fie doar atributul psihologilor. Să lăsăm doar în grija lor înţelegerea propriei persoane sau a copilului nostru nu este oare un act de mare neglijenţă?

Cunoaşterea celorlalţi pleacă de la cunoaşterea noastră. *De ce m-a supărat reacţia lui Mihai?*, *De ce mă simt întors pe dos, deşi parcă nu s-a întâmplat mare lucru?*, *De ce ţin morţiş ca lucrurile să se petreacă doar cum vreau eu?*, *Ce s-ar întâmpla dacă s-ar petrece altfel?*, *De ce — deşi e sărbătoare şi ar trebui să ne simţim cu toţii bine — eu am un profund disconfort interior?*, *Ce se ascunde în spatele tristeţii sau fericirii mele?* Fără să ne punem întrebări, nu vom afla niciodată răspunsurile despre cine suntem cu adevărat.

Fiecare dintre noi are datoria de a se cunoaşte pe sine, cunoaştere indispensabilă fericirii noastre. Cunoscând bine propria natură interioară, înţelegând ceea ce se ascunde în spatele manifestărilor exterioare, vom vedea că perspectiva din care privim lumea se schimbă. Vom avea mai multă înţelegere pentru comportamente care altă dată ne-ar fi jignit, pentru simplul motiv că vom şti ce se află ascuns în spatele acelui comportament. Nu poţi să ai o relaţie adevărată, frumoasă, cu cineva, fără să înţelegi acea persoană. Când e vorba, însă, de cunoaşterea copilului tău, efortul pe care trebuie să îl faci este mai mare, pentru că şi implicarea ta emoţională este mult mai mare decât în orice altă relaţie. Ai nevoie să te detaşezi de emoţiile tale, mai bine spus de spaimele şi temerile pe care le proiectezi asupra lui. Ai nevoie doar să priveşti şi să observi. Înţelegerea va veni.

Caută să îl observi permanent, să îl vezi cu adevărat. Un copil care se joacă nu este doar un copil care se joacă. Este un copil care se exprimă pe sine în jocul lui. Dacă ai ochii şi mintea deschise, poţi vedea credinţe, dorinţe, suferinţe etc. Poţi vedea că în joaca lui trage pe cineva de păr, loveşte pisica sau caută să se impună cu orice preţ. Înainte de a sări să-i faci observaţie sau să-l pui la punct, caută să înţelegi de ce. De ce face asta? Caută să afli motivul, doar aşa îl poţi ajuta cu adevărat. Să îl faci să se conformeze dorinţelor tale, concepţiei tale despre cum ar trebui să fie el, este ultimul lucru la care să te gândeşti. Nu ai face, în felul acesta, decât să ascunzi gunoiul sub preş. Şi atunci când gunoiul va fi prea mare, preşul nu va mai avea nici o putere să-l ţină dedesubt.

Nu întotdeauna un copil care ridică tonul la părintele său o face din lipsă de respect. Poate fi un copil ale cărui limite au fost atinse, un copil faţă de care aşteptările părinţilor au creat o presiune prea mare şi care simte că se cere prea mult de la el, sau un copil căruia i se cere să fie altcineva.

Obişnuieşte-te ca atunci când te uiţi la el să îl vezi pe el şi nu o realitate proiectată de gândurile tale. Sunt părinţi care se uită la copiii lor când sunt mici şi fac comentarii de genul: „e tare bleguţ, nu se va descurca deloc în viaţă" sau „e un copil tare agitat, nu ştiu cum se va descurca la şcoală". Acestea sunt proiecţiile părinţilor. De unde ştiu ei cum se va comporta copilul într-o situaţie viitoare, când noi nu ştim cum ne vom comporta noi înşine, peste o oră? Copilul se află abia la începutul unui proces de formare, iar ceea ce aude de la părinţi nu face decât să îl programeze să se îndrepte către direcţia respectivă cu toate pânzele sus. De fapt, chiar afirmaţiile părinţilor îi dau direcţia.

Nu te uita la el ca printr-un geam. Nu îi înregistra prezenţa precum murmurul unui izvor. Faptul de a avea alături de el pe cineva care este permanent cu gândul în altă parte îi poate crea o mare suferinţă.

Cu toţii avem nevoie să fim văzuţi aşa cum suntem cu adevărat, să fim înţeleşi şi iubiţi.

Desigur că şi faptul de a-ţi îndrepta toată atenţia numai către el, permanent, poate fi în detrimentul lui. Pentru că îl poate face dependent de atenţia cuiva. Nu va putea fi el însuşi dacă nu va simţi atenţia cuiva asupra lui. În orice ce facem, *măsura* este totul. Eu m-am referit la faptul că atunci când petreci timp cu el, să nu fii cu mintea în altă parte. Ştiu că nu e simplu şi că mintea lucrează, aparent, fără voia noastră. Dar noi suntem cei care îi dăm voie, noi suntem cei care o alimentăm şi nimeni altcineva. Nimănui nu-i place să fie o prezenţă înregistrată pe un fundal zgomotos. Cu toţii vrem să ştim că suntem importanţi pentru cineva, că existenţa noastră contează. Şi cei care ne dau iniţial acest sentiment sunt părinţii.

De curând am văzut la coafor o scenă care m-a emoţionat în mod plăcut. Aşteptând ca vopseaua din păr să-şi facă efectul, observ pe canapea o mămică tânără, cu un băieţel în braţe. De fapt, copilaşul a fost cel care mi-a atras atenţia, prin expresia lui angelică şi prin cuminţenia lui, venită nu din impunere exterioară, ci dintr-o înţelegere profundă a lucrurilor care se petreceau. Era liniştit şi aştepta cuminte să se tundă. Din primul moment în care frizerul a interacţionat cu copilul, atenţia mea s-a mutat rapid la acesta. Era un tânăr, el însuşi aproape un copil, care cu câteva minute mai înainte sporovăia cu colegele lui nonşalant, fără să-i pese de clienţii care erau de faţă, cum numai tinerii asemenea lui se pot manifesta.

Imediat ce a terminat de tuns clientul anterior, şi-a curăţat locul de muncă şi a invitat copilul pe scaun. În momentul în care copilul coboară din braţele mamei, tânărul întinde mâna către copil şi se recomandă. Foarte serios şi cu o căldură în glas care m-a surprins. Copilul răspunde şi se recomandă şi el. Din acel moment, după ce l-a ajutat pe copil să se urce pe scaun, toată atenţia tânărului s-a îndreptat asupra copilului. Manevra cu o mare delicateţe atât foarfeca cât şi cuvintele, iar atunci când copilaşul nu ştia cum să-şi încline capul ca să poată fi tuns la spate, sau într-o parte, tânărul frizer îi arăta. Se uitau amândoi în oglindă şi, din spatele copilului, îi arăta cum trebuie să încline capul. Toată procedura s-a petrecut într-o armonie deplină, iar copilul s-a simţit atât de bine, încât dintr-o dată a început să se destănuie: „La ora 7, vine David" — zice el. Împreună cu mămica, ne uităm una la alta, amuzate de savoarea acestei destăinuiri. „David este prietenul lui" — ne explică mama. Mă uit la ceas şi văd că este puţin trecut de 6. Ori este preocupat să nu întârzie, ori e atât de bucuros de întâlnirea cu prietenul lui, că simte nevoia să împărtăşească asta cu noi — mă gândesc. Au urmat şi alte destăinuiri, pe care acum nu mi le mai amintesc.

Am urmărit cu mare atenţie comportamentul frizerului cu copilul şi impactul asupra acestuia. Tânărul frizer avea toată atenţia concentrată pe două aspecte: munca lui şi copilul. De-a lungul întregului proces, i-a acordat copilului toată atenţia sa şi a căutat să-i sprijine răbdarea de a sta nemişcat pe scaun, preţ de aproximativ 20 de minute. El însuşi arăta o mare răbdare şi precauţie, ca nu cumva să rănească micuţul dintr-o mişcare neaşteptată a acestuia. Atenţia acordată, răbdarea, propriul exemplu, atunci când a fost cazul, au atras întreaga mea admiraţie pentru acest tânăr minunat şi abilităţile lui pedagogice. M-am întrebat de unde ştie, oare, cum să se poarte cu un copil şi singurul răspuns pe care l-am găsit a fost că nu a urmat, cu siguranţă, nici o şcoală pentru asta, ci doar sensibilitatea lui i-a fost ghid. Apoi, mi-am spus cât de minunat ar fi dacă toţi părinţii, în puţinul timp petrecut cu copiii, ar lăsa deoparte toate problemele şi le-ar acorda atenţia lor. Adevărată şi nu mimată. Sufletele copiilor noştri ar fi cu siguranţă mai bogate.

Cunoaşterea vine dacă o cauţi. Primul pas pe care îl ai de făcut pentru a înţelege o situaţie sau un om este să îţi pui întrebări. Al doilea pas este să ai atenţia trează şi să observi. Observând omul sau situaţiile, *aşa cum se desfăşoară ele,* vei înţelege. De pildă, dacă te uiţi cu atenţie la o scenă în care cineva reacţionează cu o explozie de furie, mult disproporţionat faţă de ceea ce s-a întâmplat, poţi să îţi dai seama că nu ceea ce s-a petrecut a declanşat reacţia, iar cauza aparţine, de fapt, trecutului persoanei furioase. Poţi vedea că în spatele acelei furii există o suferinţă ascunsă. Cu cât suferinţa este mai mare şi mai ascunsă, cu atât şi furia va fi mai mare. Înţelegând că furia lui nu are o legătură directă cu tine, vei avea o altfel de reacţie la această situaţie.Vei fi mai înţelegător. Altfel, vei considera că este o persoană care agresează fără motiv şi, la rândul tău, ca să te aperi, vei deveni agresiv. Şi iată cum lipsa de înţelegere şi cunoaştere poate crea un cerc vicios, al unei agresivităţi cu un motiv ascuns în istorii trecute şi care, tocmai de aceea, este mai dificil de rezolvat.

Un părinte care ţipă la copil pentru că, atunci când l-a chemat la el, acesta nu a venit în pas alergător, aşa cum ar fi făcut el în copilărie dacă l-ar fi strigat părinţii, reacţionează de fapt nu la situaţia prezentă, ci la o situaţie recreată din istoria lui. Copilul se simte nedreptăţit şi ridică şi el tonul. Terenul este gata pregătit pentru a o lua lucrurile la vale, adică a ieşi de sub control. Ceea ce se întâmplă de aici înainte nu mai are legătură cu situaţia concretă de la care s-a pornit, ci mai degrabă cu trecutul emoţional al fiecăruia.

Nu ai cum să legi o relaţie durabilă cu copilul tău fără o cunoaştere profundă a lui. Chiar dacă este copilul tău, chiar dacă tu îl creşti şi îl educi, el este o altă fiinţă, care are alte dorinţe, alte preferinţe, alte idei despre viaţă şi lume etc. O relaţie adevărată presupune cunoaşterea şi înţelegerea acestei fiinţe. Doar traiul sub acelaşi acoperiş nu garantează cunoaşterea ei. Pentru asta, trebuie să faci un efort de conştientizare, un efort de voinţă ca să nu reacţionezi la situaţii, ci mai degrabă să cauţi să înţelegi ce se ascunde în spatele lor.

Comunicarea, liantul dintre voi doi

O relaţie adevărată şi frumoasă se bazează pe o bună *comunicare.* Dar ce înseamnă o bună comunicare? Garantat, nu înseamnă doar a vorbi. Înseamnă mult mai mult de atât. Se întâmplă să văd oameni adunaţi laolaltă şi care, deşi aparent vorbesc cu cei de faţă, nu fac decât să-şi exteriorizeze monologul interior. Indiferent de context, abia aşteaptă să prindă o ocazie pentru a spune lumii ceea ce au ei, de fapt, de spus. În esenţă, se comunică pe ei înşişi. Aceştia nu sesizează reacţiile celor din jur, câteodată nici când sunt evidente, şi nu observă dacă există interes real pentru ceea ce spun. Dar nu despre comunicarea asta vorbim aici, ci despre dialog.

Sunt oameni care sunt întrebaţi ceva şi răspund cu totul altceva. Uneori, în jurul unei mese pare că s-a recreat turnul Babel, fiecare vorbeşte altă limbă.

A asculta pe cineva cu adevărat nu înseamnă doar a tăcea când acela îţi vorbeşte. Dincolo de faptul de a fi atent la ceea ce spune vorbitorul, a asculta înseamnă a căuta să înţelegi ceea ce vrea să-ţi transmită.

Acest lucru este valabil si în relaţia cu copilul tău. Dacă vrei ca vorbele şi dorinţele tale să ajungă la inima lui, învaţă să-l asculţi. Ascultă ceea ce spune şi ceea ce vrea, de fapt, să transmită. Ascultă şi cu inima, nu doar cu urechile. De cele mai multe ori, în spatele cuvintelor se află ascunse dorinţe şi nevoi ale copilului tău. De câte ori, tu, personal, ai rămas cu regretul că nu ai putut să exprimi într-o discuţie tot ceea ce ai vrut să spui? Sau că nu ai putut să o spui mai clar? Sau că, de fapt, altceva ai vrut să spui?

Învaţă să vezi dincolo de cuvinte. Pentru că, dincolo de ele, se poate ascunde o adâncă frământare. Uneori, cuvintele pot fi un zid pe care ne cocoţăm pentru a ne da bineţe unul celuilalt, după care coborâm din nou în adâncul fiinţei noastre, în realitatea numai de noi ştiută.

Să ştii să asculţi pe cineva este o artă. Arta de a-i vedea sufletul şi nevoile, dincolo de cuvinte. Întotdeauna, dincolo de cuvinte se află ceva. De cele mai multe ori, un suflet care caută să se exprime. Dacă ştim să ascultăm, vom înţelege.

O comunicare bună are trei stâlpi de susţinere. Să ştii să asculţi, să răspunzi impulsului transmis de celălalt şi să ai capacitatea de a transmite ceea ce doreşti să transmiţi, fără a distorsiona mesajul. Sunt oameni care îşi îngroapă mesajul real sub tone de cuvinte, încât, şi să vrei, nu poţi ajunge la el. Stai şi de întrebi: oare ce a vrut să spună?

O comunicare autentică cu copilul tău este liantul relaţiei voastre. Şi acest liant se construieşte de când el este mic. Chiar când este bebeluş, dacă îi vorbeşti cu calm şi iubire, vei vedea cât de atent te ascultă. Pentru că el ştie instinctiv că atenţia ta este asupra lui şi simte iubirea ta, dincolo de cuvinte.

Învaţă să vezi ceea ce vrea el să-ţi transmită cu adevărat prin ceea ce spune, sau prin ceea ce face. Lovirea unui frate mai mic poate să însemne de fapt „am nevoie să-mi spui că mă iubeşti", sau mâzgălitul pereţilor fără permisiune poate să însemne „am nevoie de atenţia ta". Comportamentul copilului ascunde întotdeauna un mesaj pentru noi. Este important pentru amândoi să îl descifrezi şi abia la acest mesaj real să ai o reacţie gândită.

Este decisiv la ce anume reacţionezi tu, ca părinte. La reacţia lui de suprafaţă, sau la mesajul real? Dacă reacţionezi la ceea ce se întâmplă la suprafaţă, mesajul real va coborî şi mai adânc în fiinţa lui, lăsând în urmă o suferinţă şi mai mare. Dacă răspunzi mesajului real, comportamentele de suprafaţă vor dispărea.

De pildă, un copil poate face o faptă reprobabilă pentru a atrage atenţia părintelui. Dacă părintele îl ceartă şi îl pedepseşte, nu face decât să îi întărească acel comportament. Pentru că, deşi nevoia copilului de atenţie şi afecţiune nu este rezolvată, ci mai degrabă ascunsă şi mai adânc în sufletul lui, copilul a obţinut minimum din ceea ce putea obţine:

o clipă de atenţie din partea părintelui, chiar dacă nu după o astfel de atenţie tânjea.

Obişnuieşte-te să vorbeşti cu copilul tău cu respect, ca de la egal la egal, păstrând totuşi înţelegere pentru vârsta şi experienţa lui. Asigură-te că ceea ce vrei să-i transmiţi cu adevărat are forma potrivită, şi nu se ascunde sub cuvinte fără rost. Iar atunci când abordezi chestiuni vitale, asigură-te că a înţeles ceea ce ai vrut să spui.

Şi *tăcerea* poate fi o formă de comunicare. Un mod de a fi unul alături de celălalt şi de a contempla lumea împreună. Un mod în care arăţi respectul faţă de nevoia celuilalt de intimitate, de existenţă în individualitate. Din când în când, fiecare dintre noi simte nevoia de a fi singur cu gândurile lui, de a nu fi permanent la dispoziţia cuiva, de a fi pur şi simplu.

Tăcerea poate fi apăsătoare, atunci când avem aşteptări de la celălalt. Dar poate fi şi un mod minunat de comuniune, o manieră de a fi şi de a te bucura de viaţă împreună cu celălalt.

Dacă îi oferi copilului posibilitatea de a tăcea alături de el, îi deschizi de fapt drumul spre contemplare, drumul spre sine însuşi. Îi dai ocazia de a coborî adânc în fiinţa lui şi de a afla lucruri nebănuite, adevăruri pe care nu le poate afla de la nimeni şi nu le poate găsi decât în adâncul lui. Nimeni nu îi poate spune cine este el. Doar el singur poate afla.

A deprinde o bună comunicare cu copilul tău e ca şi cum ai intra în posesia unei busole, atunci când eşti rătăcit în pădure. Dacă eşti atent la semnalele lui, îţi vor dezvălui pas cu pas drumul pe care trebuie să mergeţi, atunci când nu vei şti încotro să o luaţi.

Comunicarea este o cale, nu este un scop în sine. Ea poate servi, însă, mai multor scopuri. Comunicarea serveşte cunoaşterii. Nu cred ca ai vrea să treci prin viaţă fără să îţi cunoşti copilul cu adevărat. Fără să-i cunoşti dorinţele, visele, spaimele, sensibilităţile şi alte locuri ascunse ale fiinţei lui. Comunicarea înseamnă să împărtăşeşti experienţele. Viaţa este mai frumoasă când ai cu cine le împărtăşi. Prin comunicare poţi să-i oferi copilului tău ghidaj, poţi să-i luminezi drumul, pentru ca el să-l poată descoperi, apoi, singur.

Comunicarea nu este o stradă cu sens unic. Pe ea se circulă în ambele sensuri, iar în momente de mare entuziasm poate fi plină de vervă. E bine să creezi aceste sensuri de la început. Când este mic, copilul tău e precum un hotel primitor cu multe camere, şi, toate, cu uşile deschise. Este oricând gata să te primească. Pe măsură ce creşte, aceste uşi se pot închide, dacă au rămas prea multă vreme nefolosite.

Acordă-i timpul şi atenţia ta. Creează acest obicei de la început, nu lăsa ca timpul să creeze el distanţe între voi. Când eşti cu el, acordă-i lui atenţia ta, nu te lăsa furat de gânduri. Fii prezent, chiar dacă timpul petrecut împreună este scurt. Să te joci cu el înseamnă să pătrunzi în universul lui, în împărăţia lui. O să-i facă mare plăcere să le împartă cu tine.

Când ai un copil, există numeroase ocazii în care poţi lăsa liber copilul din tine să se joace cu copilul tău. Nu trebuie decât să profiţi de ele. Veţi trăi împreună o bucurie de neegalat.

Copilul din interiorul nostru nu va dispărea niciodată. El va coexista împreună cu celelalte faţete ale noastre, atâta timp cât vom fi. Şi la 70 de ani latura copilărească a omului îşi poate face simţită prezenţa, dacă este lăsată.

Când fiul nostru era în liceu, i-au venit mai mulţi prieteni în vizită şi au rămas tot weekendul la noi. Ca să-i stimuleze şi să le risipească apatia, soţul meu le-a propus să-i înveţe nişte jocuri de pe vremea lui, printre care şi „9 pietre". Curtea în care locuiam, vecinătatea câmpului, întreaga vegetaţie i-au prins, treptat, în mrejele lor. O zi întreagă s-au jucat cu un entuziasm debordant, care a crescut treptat, până când, la sfârşitul zilei, dacă îi priveai, îţi dădeai seama cât de compact era totul, jucătorii deveniseră totuna cu jocul şi nimic nu părea să mai existe în afara acestuia. Trebuie să recunosc că cel mai fericit copil era soţul meu, care radia pur şi simplu. Doar era jocul copilăriei lui. Totul s-a desfăşurat afară, în aer liber. La sfârşitul zilei, îmbujoraţi şi fericiţi, radiau căldura unui suflet comun. A fost o experienţă memorabilă, unică şi nu cred că vreunul din cei prezenţi o va uita vreodată.

Nu lăsa aceste ocazii să treacă pe lângă tine, ele vă vor consolida relaţia şi vă vor lumina mult timp amintirile.

Sunt situaţii când oamenii, deşi stau mult timp împreună, se simt înstrăinaţi unul de altul. Simt că nu mai pot să se dezvăluie celuilalt, aşa cum sunt cu adevărat, se simt neînţeleşi şi neiubiţi. Ruptura sufletească este prea mare, iar reparaţiile par că necesită eforturi uriaşe. Cu cât lipsa comunicării persistă şi timpul trece, cu atât prăpastia este mai mare. Nu lăsa acest timp să se scurgă pe lângă tine şi copilul tău.

Ca şi copil, simţi nevoia ca părintele să-ţi confirme iubirea lui. Prin atenţie şi dedicare. Nu aştepta Paştele sau Crăciunul ca să îi spui că îl iubeşti.

Împărtăşeşte-ţi experienţele cu el. Povestindu-i, de când e mic, din întâmplările tale, va avea acces la o adevărată sursă de experienţă, iar alegerile lui vor fi mai uşor de făcut în viaţă. Sigur, nu toate întâmplările din viaţa ta sunt pozitive, dar tocmai faptul că împărtăşeşti cu el experienţele mai puţin plăcute poate fi un izvor de încredere şi poate crea un adevărat liant între voi. Dacă îi arăţi cum ai depăşit experienţele triste din viaţa ta, va avea multe învăţături de aici: va înţelege că viaţa e cu bune şi cu rele, că important este ceea ce înveţi din ele, că depăşirea unei situaţii dificile te poate întări pentru experienţele de mai târziu. Emoţional, îl implici în trăirile tale, în viaţa ta, şi asta va crea o punte între voi doi pentru toată viaţa.

Desigur că trebuie să fii atent la modul în care îi povesteşti. Dacă, în povestirile tale, nu reuşeşti să îi transmiţi valoarea pozitivă a experienţelor pe care le-ai avut, atunci nu faci decât să îi atârni o piatră de picior pentru acţiunile lui viitoare. De pildă, dacă îi povesteşti cum ai rămas fără slujbă la un moment dat, accentul ar fi bine să cadă pe cum ai reuşit să depăşeşti această situaţie. Mesajul tău pentru el ar fi că orice moment dificil poate fi depăşit, dacă eşti calm, ai încredere şi ai un plan de acţiune. Dacă accentul va cădea pe cât de greu ţi-a fost şi cât de mult te-au nedreptăţit viaţa, şeful etc., atunci mesajul tău subliminal îi va zdruncina mai degrabă încrederea în viaţă şi în aspectele ei pozitive.

Dacă obişnuieşti să-i împărtăşeşti din viaţa ta, îi vei da posibilitatea să te cunoască, şi acest lucru nu va rămâne fără ecou. Va fi ca o uşă deschisă pentru el să-şi împărtăşească experienţele şi trăirile cu tine. De curând, cineva mi-a făcut o mărturisire: fiul — cu care locuiau împreună el şi soţia — nu vorbea deloc cu ei, părinţii lui. Nu are timp — mi-a spus — toată ziua vorbeşte la telefon. Păi, cum să nu te doară sufletul, ca părinte? Şi câţi părinţi nu se află acum în această situaţie?

O comunicare adevărată ţine sufletele deschise. Există, între cei care comunică, o energie care emană bucurie, armonie şi multă căldură sufletească.

Cum am mai spus, această comunicare trebuie să înceapă de când copilul e mic, pentru că e foarte greu să-i deschizi uşa — şi el să intre pe ea — atunci când o mare de tăcere s-a aşternut între voi.

A fost o perioadă, când fiul meu era şcolar, în care îl întrebam de câte ori venea de la şcoală: *Cum a fost la şcoală?* Răspunsul era invariabil: *Bine.* Păi, la aşa întrebare, aşa răspuns. Apoi, el singur mi-a spus: *Dar tu altceva nu mai ştii să mă întrebi?* Şi aşa m-a trezit la realitate. Nu spun că nu i-am mai pus acea întrebare. Pentru că e greu să arunci deodată nişte obiceiuri care îţi vin mai ales din aşa-zisa grijă pentru viitorul lui. Dar m-a făcut să conştientizez că avea nevoia de a împărtăşi cu mine experienţe care erau mai importante pentru el, din viaţa lui petrecută la şcoală, şi care erau altele decât nota luată, ce comentariu a făcut profesorul când i-a dat-o şi dacă a întârziat!

Viaţa este o experienţă, nu o certitudine. Nimeni nu îţi poate garanta că, dacă faci un lucru, rezultatul va fi sigur cel pe care-l doreşti. Dar un lucru este cert: dacă faci acel lucru, creşti şansele de a obţine rezultatul dorit.

Dacă vorbeşti cu copilul tău de mic şi păstrezi legătura sufletească dintre voi doi, şansele sunt mari ca această legătură să se păstreze toată viaţa. Altfel, însingurarea poate pune mâna pe sufletele voastre. Sub apăsarea nevoilor existenţiale, omul poate intra într-un cerc în care se mişcă singur şi din care cu greu poate ieşi.

Dialogul este singura armă a unei relaţii. Nu poţi exista într-o relaţie, în armonie, fără el. Indiferent de natura acestei relaţii. El stă la baza comunicării, încrederii şi cunoaşterii dintre doi oameni.

Când canalele de comunicare s-au închis. Se poate ca timpul să fi trecut, iar tu, ca părinte, prins în iureşul vieţii, să te afli în situaţia de a nu mai putea comunica cu copilul. E posibil să te întrebi: *Cum s-a scurs tot acest timp? Când a crescut copilul? Unde este micuţul pe care-l duceam de mână la grădiniţă?* Sufletul tău plânge după o discuţie deschisă cu el, ai vrea să ştii ce gândeşte, ce simte, ai vrea să îi împărtăşeşti gândurile tale, dar apropierea pare imposibilă, discuţiile, ca şi tăcerile, sunt încărcate de prea multe resentimente şi reproşuri. O greutate invizibilă stă pe umerii amândurora. Întregul univers pare că se sprijină doar pe voi. Ai impresia că nu ai să mai poţi vorbi niciodată cu el aşa cum îţi doreşti. Vrei cu ardoare să schimbi ceva, dar nu ştii ce.

Realitatea cu care te confrunţi nu e uşoară. La prima vedere, pare că nu mai poţi face nimic. Şi, totuşi, dacă mai poţi schimba ceva, atunci cu tine trebuie să începi. Din interior în exterior. Este singura cale. Lasă critica faţă de el deoparte, opreşte-te să-l mai judeci, deschide-ţi inima pentru el. Pare un lucru mărunt, dar nu e. Şi nici uşor de făcut. Totul se petrece în interiorul tău. Dacă vei reuşi schimbarea în profunzime, în interior, garantat se va vedea şi în afară. De fapt, vei vedea şi tu. Gândeşte-te la ce ai simţit când s-a născut şi îţi va fi mai uşor. Bucuria care ţi-a inundat sufletul la naşterea lui este iubirea necondiţionată. Aminteşteţi-o, retrăieşte-o şi las-o să curgă din nou prin tine. Când o vei simţi, vei şti şi ce ai de făcut. Îi vei da posibilitatea de a se întoarce cu faţa spre tine, îi vei deschide uşa, ca el să poată intra atunci când inima lui va simţi chemarea iubirii tale necondiţionate.

Cu siguranţă că el, adolescent sau tânăr adult fiind, este preocupat de cu totul alte lucruri. Sunt alte subiecte şi interese care îl acaparează. Ca şi pe tine, la vârsta lui. Primul tău pas este *schimbarea*, al doilea — *răbdarea*. Trebuie să te înarmezi cu o răbdare de fier, pentru că ştii pentru ce lupţi. Pentru că e liniştea ta interioară şi cea a copilului tău în joc. Pentru că este o frumuseţe a relaţiei părinte-copil, din care vrei să guşti împreună cu el. Al treilea pas este *credinţa*. Priveşte viitorul despovărat de toate grijile, temerile, supărările şi nemulţumirile şi lasă-l să se înfiripe din gândurile tale luminoase. Nu e uşor. Ştiu. Anihilează trecutul, fă-l să dispară, bucură-te de copilul tău aşa cum este în acest moment, pentru că există, şi lasă-te cuprins de iubirea pentru el. Gândul tău luminos pentru el va străbate universul şi va ajunge la inima lui.

Roagă-te pentru schimbarea ta, a lui, pentru relaţia voastră. Mulţi confundă credinţa cu religia. Nu trebuie să fii religios ca să ai credinţă. Credinţa poate exista dincolo de orice dogmă, de orice filozofie. Este acel sâmbure de simţire din inima ta, pe care nimeni nu-l poate schimba. Este ceva ce nu poate fi erodat de nici o intemperie, ceva ce există dincolo de tot şi de toate şi îţi creează destinul.

Rugăciunea şi credinţa ta în ea poate schimba multe. În rest, lasă lucrurile să curgă aşa cum vin şi ai răbdare. Nu te speria de situaţiile neplăcute care se repetă, lasă-le să curgă pe lângă tine, fii spectatorul lor, pentru că tu ştii că va veni acel moment în care ele nu vor mai fi, gonite de gândurile tale bune. Vor fi împrăştiate precum împrăştie soarele norii pe cer. Când cerul este negru, tu ştii că soarele va apărea şi el, nu ştii când, dar ştii că va apărea. De ce nu poţi crede şi că relaţia ta cu copilul va fi mai frumoasă, mai apropiată? Pentru că depinde de voi? Dar tu ai început deja schimbarea. Bucură-te de ea. Schimbarea ta a început în momentul în care ţi-ai declarat că vrei să schimbi ceva. Ştii direcţia, lucrează în interior şi ai răbdare. Este o muncă mai grea decât orice muncă fizică, dar merită! Când ai să te conectezi la lumina din ochii copilului tău, vei simţi o bucurie ce-ţi va străbate corpul ca un fulger. Te vei simţi uşor, ca o pasăre, şi vei dori să zbori. Vei pluti, te vei expanda la dimensiunea întregului univers. Vei simţi dulceaţa vieţii!

Şi în plan exterior sunt lucruri de făcut. O casă se tencuieşte şi la interior, şi la exterior. Iar, de cele mai multe ori, e greu să îţi dai seama unde începe o acţiune: în interior, sau în exterior? Doar tu ştii. În primul rând, ai grijă să nu ratezi niciun moment în care el are sufletul deschis către tine. Dacă a deschis uşa, intră pe ea, întâmpină-l cu braţele deschise şi gândul curat, lasă deoparte alte lucruri, stabileşte-ţi priorităţile. Personal, când merg în vizită la părinţii mei, vânez momentele de la cafeaua de dimineaţă, când ei au mai multă disponibilitate de a comunica. Grijile zilei încă se lasă aşteptate şi inima lor e deschisă să mă primească. Da, ştiu, situaţia este diferită, eu sunt copilul în povestea asta, dar mecanismul este acelaşi. Momentele nu seamănă între ele, dar am gustat şi am savurat multe clipe frumoase.

Un alt lucru pe care poţi să-l faci este să-i spui ceea ce ai de spus doar dacă eşti convins că generezi un efect pozitiv. Să spui doar ca să-ţi descarci tu tensiunile interioare nu e benefic pentru el, dar nici pentru tine, decât aparent. De pildă, tu eşti tracasat de toate problemele şi ai nevoie de ajutorul lui. Îl chemi, dar el apare în paşi de melc, scoţându-te din sărite cu ritmul lent, total desincronizat de al tău. Dacă începi să te descarci pe el, să ţipi sau să-l insulţi, lucrurile sunt compromise. Tu eşti un car de nervi, ai reuşit să-l iriţi şi pe el, iar treaba e tot nerezolvată. Aşa că mai bine taci, dacă nu poţi să-i explici cu calm că eşti presat şi ai nevoie de ajutorul lui.

Important de făcut: renunţă la orgoliu! Toată viaţa noastră gravitează în jurul orgoliului, iar el nu ştie decât să o devasteze, să strice, căci nimic nu se poate clădi pe el. *Cine eşti tu să-mi spui Mie? Ştii tu cât m-am sacrificat Eu pentru tine? Îndrăzneşti să apari în faţa Mea? Nimeni nu-mi suflă Mie în ceafă! Vezi? Ţi-am zis Eu că o să se întâmple aşa!* Iată doar câteva dintre manifestările orgoliului. Multe altele se petrec doar în interior şi sunt şi mai devastatoare. Copilul e mare acum, este adult şi stă separat de tine. Ţi-e dor de el, dar în ultimul timp l-ai sunat numai tu. Te gândeşti: *De ce să-l sun? Să văd, când o să-şi amintească de mine?* Lasă prostiile, pune mâna pe telefon şi sună-l. E nevoia ta, rezolv-o! Indiferent de ceea ce vei găsi la capătul firului, tu ai făcut ceea ce era de făcut şi, de multe ori, răspunsul pe care-l primeşti depinde de atitudinea ta interioară. Pentru că ea se transmite prin vocea ta, prin gândurile tale.

Atunci când copilul tău vrea să facă sport, iar tu te împotriveşti — şi-i spui lui: *Sport? Ce-o să se aleagă de capul tău?* sau îţi spui în sinea ta: *Sport? Copilul Meu?* să ştii că tot orgoliul şi-a băgat coada.

Multe reacţii ale noastre se ţes în jurul vanităţii şi a ceea ce suntem noi în raport cu ceilalţi. Fii atent la comportamentele tale, mergi pe urmele gândurilor nerostite şi află sursa reacţiilor tale, te va ajuta să ştii pe ce drum să mergi.

Caută să împărtăşeşti experienţe de viaţă cu el, încearcă să te apropii de preocupările lui. Sufletul lui se va deschide atunci când vei aborda un subiect care îl pasionează sau îl preocupă.

Rezumat la final de capitol

- Cunoaşterea naturii umane nu trebuie să fie doar atributul psihologilor, e datoria ta de părinte să-ţi cunoşti copilul.
- O bună comunicare cu copilul se bazează pe cunoaşterea, înţelegerea şi ascultarea lui.
- Asigură-te că ceea ce doreşti să-i comunici copilului a fost înţeles de el. Poţi să îl rogi să repete ce a înţeles, sau poţi să repeţi tu acelaşi lucru spus altfel.
- O comunicare adevărată nu este ceva formal, primirea unui răspuns la o întrebare pe care o pui. Este rezultatul înţelegerii reciproce a ceea ce se petrece în sufletul celuilalt. O comunicare adevărată se vede în lumina din ochii copilului şi în tonusul lui.

- Copilul are nevoie de atenţia părintelui său. Calitatea atenţiei tale faţă de el este mai importantă decât durata în timp. Simplul fapt de fi observator al lui îi întăreşte sentimentul că există şi că este important pentru tine, lucru care îi va creşte stima de sine şi îi va întregi fiinţa.

- Indiferent de vârsta pe care o aveţi tu şi copilul tău, indiferent de problemele cu care vă confruntaţi, întotdeauna mai poţi să faci ceva pentru a îmbunătăţi relaţia cu el.

4
Locul în care copilul tău se simte protejat

Ca să crească frumos, copilul tău are nevoie de un cuib, de un loc armonios în care iubirea părinţilor să-i fie hrană sufletească şi spirituală. Acest loc doar părinţii[1] îl pot crea. Cu iubire, cu credinţă şi cu respect faţă de tot ce înseamnă viaţă. Un suflet frumos se hrăneşte cu armonia părinţilor şi are nevoie de implicarea amândurora în acest act al creaţiei, care este creşterea şi educarea unui copil. Ştiu că aici am atins un subiect dureros. Pentru că există multe situaţii în care oamenii

[1] *Nota autorului: mă refer la toţi cei care şi-au asumat acest rol, fie ei părinţi naturali, părinţi adoptivi sau bunici.*

trăiesc împreună din numeroase alte motive decât iubirea şi armonia dintre ei. Iar copiii suportă consecinţele.

Nu voi dezbate pe larg acest subiect acum, pentru că nu aici îi este locul. Dar trebuie să subliniez cât de importantă este pentru noua fiinţă armonia din casă, care este în fapt armonia dintre părinţi.

Din păcate, puţine sunt familiile în care domneşte armonia şi înţelegerea dintre părinţi. La începutul relaţiei, atenţia partenerilor este îndreptată spre cu totul alte lucruri decât spre cât de mult se potrivesc. Şi cât de mult văd viitorul cu aceiaşi ochi. Oricum, sunt puţine şanse să te potriveşti la sigur de la început cu cineva. Plus că, în general, suntem tentaţi să alegem opusul nostru, pentru că ne completează, iar, în timp, mai devreme sau mai târziu, ajungem în conflict cu el. Prin urmare, şansa cuplurilor, în speţă a părinţilor, este *de a evolua împreună*. Indiferent de punctul în care se află. Individual şi împreună. Totul este să-ţi doreşti şi să conştientizezi unde te afli şi unde vrei să ajungi. Dacă există un ţel comun, restul vine de la sine.

Ah, da! Am uitat să-ţi spun. Şi calea pe care o alegi contează. Ea te poate duce mai aproape sau mai departe de ceea ce-ţi doreşti.

Da, în practică nu este atât de simplu — o ştiu pe pielea mea.

Dar prezenţa unui copil în viaţa ta este o oportunitate de a evolua, pe care ţi-o oferă viaţa. Indiferent de situaţia în care te afli, prin copilul tău şi împreună cu el, ai posibilitatea de a evolua ca fiinţă umană, în toată complexitatea ei. Am ţinut să fac această precizare aici tocmai pentru că, indiferent de cum arată situaţia în care te afli, prezenţa copilului în viaţa ta poate fi şansa pe care o ai de a schimba lucrurile, începând, însă, cu tine. Nu trebuie decât să ai mintea şi inima deschise.

Şi da, să începi schimbarea cu tine. Orice ai dori să schimbi în jurul tău, cea mai potrivită cale trece prin tine. Schimbarea din tine va produce, mai departe, schimbări în jurul tău. Exact ca atunci când arunci o piatră în lac, iar undele se propagă mai departe, şi tot mai departe de locul în care a căzut piatra. Oricare ar fi lucrul care te nemulţumeşte în viaţa ta, *tu* eşti locul de unde trebuie să începi schimbarea, locul în care trebuie să arunci piatra.

Se spunea într-un documentar despre viaţa animalelor că legăturile strânse de familie sporesc şansa de supravieţuire a puilor. Cred că acest lucru este valabil, în mod special, la om. Armonia adulţilor creează o energie ce învăluie tânăra fiinţă şi-i dirijează creşterea şi evoluţia. În cazul fiinţei umane, legătura puternică dintre părinţi nu doar înarmează copilul pentru a face faţă vieţii, ci îi oferă fundamentul, rădăcinile necesare pentru a exista ca fiinţă deplină, în armonie cu sine şi cu tot ceea ce-l înconjoară.

Şi în vieţile multor figuri celebre din istoria omenirii putem vedea rolul decisiv pe care l-au jucat părinţii, personalitatea acestora şi relaţia dintre părinţi şi copii, în evoluţia lor.

Câteodată, un gest mărunt ne poate schimba destinul. Un gest mic, dar cu un ecou mare în conştiinţa noastră. Dacă ne uităm cu atenţie în urmă, fiecare dintre noi poate identifica o vorbă, un gest, o acţiune care l-a împins spre drumul pe care se află acum.

Spaţiul în care trăim îşi pune amprenta asupra noastră. Oamenii care ne înconjoară şi relaţiile dintre ei lasă urme în fiecare dintre noi. Copiii sunt ca o oglindă pentru mediul în care trăiesc. Tot ceea ce emană din spaţiul în care trăieşte copilul se reflectă în personalitatea şi în comportamentul lui. De multe ori reflectă acele aspecte ascunse, nespuse, despre care te faci că nu există până când, într-o formă sau alta, îţi atrag atenţia că nu mai poţi să le ignori. Legătura dintre mediu şi copil se poate vedea direct, dar poate fi şi subtilă, nevăzută, căci sufletul copilului este precum o mare prin care circulă mulţi curenţi şi de la suprafaţă nu poţi vedea ce se petrece în adâncul ei. De altfel, ştii foarte bine câte lucruri ascunse, câte gânduri nerostite se află şi în adâncul tău.

Pentru fiecare dintre noi, *acasă* este locul în care ne simţim bine. Aceasta este starea pe care un copil trebuie să o trăiască în căminul creat de părinţii lui pentru el şi care trebuie să îl facă să se simtă în siguranță și iubit. Fără temeri, învăluită de iubire, ființa umană își poate valorifica potențialul. Altfel, sub imperiul fricilor, evoluția sa va fi doar o reacție de apărare la temerile pe care le are și nu un act de creație, așa cum ar putea să fie.

În 21 de ani de căsătorie, am locuit în cinci case și peste tot ne-am simțit *acasă*. Indiferent dacă era sau nu casa noastră (de cele mai multe ori, nu era). Pentru că întotdeauna ne-a făcut plăcere să ne creăm cuibul cu sufletul și cu mâinile noastre. Niciodată nu a fost doar *un simplu loc* în care să stăm. Întotdeauna a fost căminul nostru, impregnat de iubirea noastră, locul în care ne simțeam bine împreună, indiferent de cât de mic era.

Dincolo de personalitatea părinților și a celorlalți oameni din viața lui, un copil, ca și un adult, suportă o influență și din partea mediului fizic. Cu cât mediul acesta este mai apropiat de natură și are o relație mai profundă cu ea, cu atât mai mult copilul se va apropia de sinele său. Sufletul lui va fi mai deschis, iar energia lui — mai ridicată pentru a trăi bucuria de a fi.

Nici o amintire de adult nu poate fi egalată de amintirea spiritului copilului liber în natură. Întotdeauna amintirile noastre în mijlocul naturii vor avea prioritate. Pentru că emană o bucurie şi o energie de neegalat. De aceea, curtea bunicilor de la ţară e de neînlocuit. Dacă copilul tău se poate juca într-o curte, la ţară sau acasă, mai ales acasă, este un privilegiat.

Construirea şi aranjarea mediului fizic este un act de creaţie. În el se simte sau nu armonia mâinilor creatoare. Cu cât materialităţile care ne înconjoară sunt mai naturale şi mai puţin prefabricate, cu atât starea de bine a omului va fi mai mare.

În acest spaţiu al iubirii, copilul trebuie să îşi aibă un loc care să fie numai al lui. Un loc în care ceilalţi să aibă acces doar cu permisiunea lui. Fiecare dintre noi are nevoie de momente de singurătate pentru a se regăsi. Şi copilul are aceleaşi nevoi şi, prin urmare, el trebuie tratat cu respect, pentru că nici unul dintre noi nu are disponibilitate veşnică pentru ceilalţi.

Acest loc poate fi camera lui, căsuţa din copac, cortul din curte, orice spaţiu care poate fi doar al lui.

Pe măsură ce creşte, copilul va resimţi tot mai acut nevoia acestui spaţiu. Un spaţiu al lui, în care să poată sta singur cu sine, fără intruşi.

Există nişte coordonate în spaţiul de *acasă*, care creionează două axe majore din viaţa copilului tău. Una este calea iubirii şi alta este calea gândirii. Şi crede-mă că nu intră în contradicţie una cu cealaltă, ci, dimpotrivă, atunci când există împreună, viaţa omului, în cazul de faţă a copilului tău, poate fi minunată.

În jurul acestor axe se pot contura fericirea şi liniştea interioară a copilului tău, iar tu eşti cel care contribuie la ridicarea lor.

Rezumat la final de capitol

- Iubirea şi armonia dintre părinţi îi conferă copilului siguranţă. Personalitatea părinţilor şi relaţia dintre ei joacă un rol important în evoluţia copilului.
- Multe cupluri sunt în conflict din cauza viziunii diferite pe care o au despre viaţă. Evoluţia împreună, dar şi individuală, poate fi o soluţie, atunci când există puncte comune puternice.
- Legăturile strânse de familie ajută tânăra fiinţă să înainteze prin viaţă.
- Mediul fizic în care trăieşte copilul contează.
- Natura este locul în care copilul se poate apropia cel mai mult de sinele său.
- Copilul are nevoie de un spaţiu numai al lui.

5
Tu îţi înveţi copilul să iubească

De multe ori în viaţă, lucrurile nu sunt aşa cum par. Nici iubirea nu este ceea ce credem iniţial că ar fi. Nu este nici ataşamentul şi nici grija[1] pentru cineva. Sursa acestora o reprezintă mai degrabă teama. Iubirea este dorinţa ta de bine pentru acea persoană, gândul tău luminos şi înţelegerea ta pentru ea, respectul pentru ceea ce reprezintă ca individualitate şi ajutorul pe care i-l dai ca să crească în această direcţie.

Părinţii obişnuiesc să-şi facă multe griji pentru copiii lor.

---

[1] Grijă – aici cu sensul de îngrijorare, nelinişte *(nota autoarei)*

Ne-am obişnuit să transmitem copiilor temerile noastre, crezând că aşa îi putem proteja de ele. Credem că faptul conştientizării acestor temeri îi va ajuta pe copii să fie în siguranţă. De fapt, nu facem decât să le lăsăm să intre în sufletele copiilor noştri şi să le dăm de lucru acestora pentru toată viaţa.

A-ţi face griji este omeneşte, dar nu este şi sănătos. Îngrijorarea ta pentru copil este ca o umbră asupra lui. Este o energie care nu îl ajută cu nimic, ci, din contră, poate mai degrabă să acţioneze ca o frână în dezvoltarea lui.

De multe ori, copiii pot lua alte decizii, decât cele pe care le doresc cu adevărat, sub influenţa îngrijorărilor părinteşti. Pentru că acestea nu rămân fără efect, ci exercită o presiune asupra copilului sau tânărului. Orice gând, orice sentiment, orice trăire conduce către ceva.

Iubirea adevărată, curată, sinceră, deschide toate uşile. Ca tânăr părinte nu ştii multe lucruri, dar cu iubire poţi depăşi multe situaţii dificile. Un copil poate să îţi pună nervii la grea încercare, iar tu să nu ştii ce să faci, pentru că nu ai fost pregătit să te confrunţi cu situaţia respectivă. Dar, dacă iubirea există în sufletul tău, ea îţi va fi călăuză şi te va ajuta să găseşti cea mai potrivită cale pentru amândoi, o cale care să nu strivească fiinţa lui şi care să nu te împovăreze nici pe tine.

De multe ori, părinţii se comportă cu copilul în baza raportului de forţe dintre ei, deşi ştim cu toţii foarte bine cât e de inegal. Se comportă cu copilul la fel ca şi cu cei din jurul lor, încercând să demonstreze că au dreptate şi că puterea le aparţine. Cu alte cuvinte, că ei sunt „şeful“!

Acum te întreb pe tine, ca părinte: *Vrei să ai dreptate, sau vrei să fii fericit?* Pentru că, dacă te afli în prima categorie, poţi să îţi iei adio de la fericire, atât a ta, cât şi a copilului tău.

Dorinţa de a avea dreptate vine din nevoia de putere. Iar asta vine din teamă. Teama de a nu fi pus într-o situaţie de inferioritate, teama de eşec, de ridicol, de neputinţă etc. Şi atunci când vrei să îţi arăţi puterea în raport cu copilul tău, indiferent de vârsta pe care o are acesta, o faci în detrimentul lui, dar şi al tău. Pentru că îl îndepărtezi de tine, îi pierzi încrederea şi poţi rata unul din cele mai minunate lucruri din viaţa ta. Fiindcă nimic nu se uită cu adevărat, chiar dacă amintirile noastre nu mai păstrează, conştient, totul. Toate informaţiile şi întâmplările la care am avut acces există încastrate în corpul nostru fizic, psihic şi emoţional. Şi, într-o manieră subtilă, ne dirijează comportamentul şi personalitatea.

Revenind la iubirea pentru copilul tău, ea nu este grija, nu este teama pentru ce ar putea păţi, nu este manipularea lui în direcţia în care crezi tu că ar fi în siguranţă, nu este cicăleala până la obsesie că poate s-o prinde ceva şi de el, nu este judecata critică adusă lui cu scopul de a-l îndrepta sau de a deveni ceea ce vrei tu să fie...

Iubirea pentru el este tot ceea ce îi dăruieşti la nivel sufletesc şi emoţional, fără să îi alterezi sufletul şi fără să îl agresezi. Este permisiunea de fi el însuşi, este acceptarea, este încrederea ta în el şi în ceea ce poate deveni. Este rugăciunea ta pentru el şi încrederea că îţi este ascultată. Este sprijinul pe care i-l oferi pentru a fi ceea ce vrea şi poate el să fie.

Ca părinte tu ştii că îl iubeşti, dar el? Arată-i iubirea ta! Arată-i asta în fiecare clipă, va fi cel mai de preţ dar. Arată-i cu fiecare gest, cu fiecare cuvânt.

Ca părinţi, facem greşeli din neştiinţă sau din prea multă suferinţă. Atât de multă purtăm în noi, încât nu mai avem loc şi de suferinţele copilului. Nu greşim din rea voinţă. Învăţăm din propriile greşeli, căci se pare că din ale altora nu prea vrem. Ne place să ne trăim propriile experienţe. Şi când avem destule, ne spunem: dacă aş fi ştiut la început toate aceste lucruri! Ei, asta e! Dacă am fi ştiut, am fi procedat oare altfel?!

Părinţii sunt cei care deschid calea iubirii pentru copilul lor. Sau uşa fricilor, a temerilor, a neîncrederii. Prin tot ceea ce fac în raport cu el, dar şi cu ceilalţi. Nu îl învăţa critica nemiloasă faţă de el sau faţă de alţii, pentru că nu asta îl face superior celorlalţi. Iubirea este cea care îl poate înălţa şi care se află deasupra tuturor lucrurilor. Dacă eşti o persoană foarte critică, sufletul tău este primul măcinat de asta. Dacă sunt multe lucruri, multe situaţii sau oameni care te nemulţumesc, aruncă puţin o privire asupra ta şi întreabă-te: „Eu sunt mulţumit de mine? Îmi place de mine, aşa cum sunt?" S-ar putea să ai surprize şi să descoperi că, de fapt, tu însuţi eşti sursa tuturor nemulţumirilor tale.

Calea iubirii este calea acceptării. A propriilor greşeli şi ale celorlalţi, a exprimărilor individuale, a diversităţii şi a contrastelor. Nu trebuie ca toată lumea să fie ca tine, şi nici tu ca altcineva.

Calea iubirii este calea iertării. A depăşirii resentimentelor faţă de toţi cei care te-au rănit, inclusiv faţă de tine. Pentru asta, e nevoie să cunoşti şi să înţelegi, mai întâi.

Calea iubirii este calea compasiunii. A înţelegerii suferinţelor celorlalţi şi a sprijinirii lor în orice fel care ţi se potriveşte.

Calea iubirii este calea bucuriei. Pentru această existenţă şi pentru tot ce îţi poate oferi ea. Ce primeşti tu, însă, depinde de tine.

Calea iubirii este calea dăruirii. Este calea în care nu aştepţi să primeşti, ca să dai şi tu, este calea prin care înţelegi legăturile nevăzute dintre tine şi ceilalţi.

Calea iubirii este calea încrederii, în tine şi în celălalt, în cazul de faţă — copilul tău. Încrederea în ceea ce este el în adâncul lui, în forţa lui de a răzbi, în lumina lui interioară. Tu trebuie doar să vezi această lumină şi să o observi. Asta îi va da forţă.

Tu, ca părinte, eşti cel care deschide acest drum întru iubire pentru copilul tău. Tu eşti cel care îl înveţi să iubească. Tu eşti cel care îl pune pe un drum plin de lumină sau plin de tenebre. Fii conştient de asta!

Rezumat la final de capitol

- Nu îţi ajuţi copilul dacă îi transmiţi temerile tale. Îngrijorările părinţilor apasă şi îngrădesc sufletul copilului.
- Nu există scop care să justifice agresiunea fizică, psihică sau emoţională asupra copilului. Nici măcar gândul că *E spre binele lui!*
- Părinţii nu greşesc din rea-voinţă, ci pentru că nu ştiu, sau sunt copleşiţi de propriile suferinţe.
- Chiar dacă nu sunt pregătiţi pentru rolul de mamă şi tată, părinţii vor găsi soluţiile cele mai potrivite pentru situaţiile dificile cu care se confruntă, dacă în sufletul lor există iubire adevărată.
- Iubirea înseamnă să vezi lumina din sufletul copilului, să o observi şi să o sprijini în drumul ei.
- Părinţii sunt cei care îşi învaţă copiii să iubească.

6
Fabrica de gânduri a copilului tău

Mami, de ce oamenii
nu pot sta fără gânduri?

Alexandru, 5 ani

Adevărat, oamenii nu pot sta fără gânduri. Dar pot să le domolească, să le strunească, să le schimbe încărcătura, orientarea, să treacă cu ele din zona cenuşie sau neagră către cea luminoasă.

Gândurile sunt izvorul trăilor interioare, acel punct de plecare care radiază, se răsfrânge peste întreaga noastră viaţă. Undele lor se propagă până în cele mai ascunse unghere ale fiinţei umane şi se domolesc doar în acţiunile ei. Dacă analizezi viaţa unui om, poţi să-i descoperi gândurile ascunse, sau, cunoscându-i gândurile, poţi vedea încotro se îndreaptă viaţa lui. De gânduri depinde calitatea vieţii pe care o trăim. Acestea sunt adevărata sursă a confortului şi liniştii noastre interioare. Despre ceea ce reprezintă şi despre cum lucrează ele în viaţa noastră am scris în prima mea carte[1] şi voi încerca să nu mă repet. Ceea ce vreau să evidenţiez acum este rolul gândirii în viaţă şi cât de important este să ne învăţăm copiii să gândească.

A-i învăţa nu înseamnă a le predica, ci a le oferi, mai ales, propriul nostru exemplu.

De-a lungul timpului, a fost valorizată o latură sau alta a naturii umane, accentul căzând uneori mai mult pe latura logică, alteori pe cea afectivă. Când oamenii nu au găsit cu ajutorul minţii răspunsurile la întrebările pe care şi le-au pus, au denigrat rolul mentalului în viaţa noastră. Omul oscilează între cei doi poli ai existenţei lui cognitive,

[1] *7 pentru o viaţă – Cele mai importante lucruri pe care le poţi face pentru copilul tău*, Bucureşti, Editura Benefica, 2012.

raţiunea şi simţirea, fiind atras când de una, când de cealaltă.

Fericirea omului depinde, însă, de echilibru. Ce-i prea mult sau prea puţin din ingredientele necesare fericirii poate strica la fel de mult. Gândirea, ca şi afectivitatea, are rolul ei în existenţa omului şi doar împreună cele două pot ajuta la o dezvoltare armonioasă a fiinţei.

În momentul în care se naşte, omul are mintea curată de gânduri. În interacţiune şi sub influenţa mediului exterior, gândurile încep să se formeze. *Tiparele* după care se formează gândurile reprezintă *canalele* ce vor dirija energia omului spre un sens de evoluţie sau altul, ele vor trage după ele toată viaţa individului, precum o locomotivă care poartă tot trenul într-o anumită direcţie. Mintea, ca locomotivă, ne poate duce spre fericirea noastră, sau în direcţie total opusă.

Indiferent că este vorba de gânduri pozitive sau negative, omul gândeşte în tipare. Adică are o schemă logică, pe care o urmează indiferent de context. În formarea tiparelor de gândire ale copiilor, importante sunt tiparele transmise de părinţi. În *fabrica de gânduri a copilului tău,* TU eşti primul furnizor de materie primă.

Gândirea ne ajută să evaluăm realitatea obiectivă. Ne ajută să analizăm această realitate şi, pe baza ei, să alcătuim strategii de supravieţuire. Atunci când gândirea este alimentată doar de realitatea subiectivă, putem spune că *o luăm pe arătură.* Şi de la distorsionarea realităţii până la recrearea ei în direcţia percepută de noi nu este decât un pas.

Balaurii din mintea omului, care ne mănâncă liniştea şi energia şi care ne duc spre o zonă gri a existenţei îşi fac simţită prezenţa prin spaimele şi fricile noastre, prin critica distructivă şi intoleranţa faţă de ceilalţi, prin furie, invidie, vinovăţie, gelozie, ură etc.

Un lucru trebuie să fie clar: dacă aceşti monştri există în noi, seminţele lor vor fi şi în copiii noştri. Dacă vor încolţi, depinde de ei.

Capacitatea omului de *a judeca* a alunecat mult de la rolul ei principal, şi anume acela de a înţelege, de a discerne, de a cântări lucrurile pe baza cărora acesta să poată lua cea mai bună decizie. Faptul de a judeca a devenit, în prezent, echivalentul lui a-l critica, a-l condamna pe semenul nostru pentru orice acţiune a lui, indiferent dacă rezultatul ei ne afectează sau nu. A devenit un fel de dat cu părerea, în sinea noastră sau făţiş, un fel de vorbărie de salon, care să ne pună pe noi înşine mai presus de celălalt. Un fel de victorie câştigată înainte de declanşarea războiului. Ne pricepem sau nu, important este să ne dăm cu părerea şi, dacă tot facem asta, e bine să câştigăm o poziţie avantajoasă, căci nu se ştie când ne va folosi! Puţini sunt cei care realizează că toată această vorbărie critică nu aduce nici un folos, doar stârneşte furtuni în inimile oamenilor şi înveleşte propriul ego ca un cocon.

Ideea este că toate manifestările unei judecăţi critice ies la iveală, de obicei. Nu rezistă doar în interior, sunt vizibile în toate comportamentele noastre şi sunt uşor de preluat, în timp, de către copii. Dar cel care e aspru în judecarea celorlalţi nu este blând nici cu sine, deşi poate că nu e conştient de acest lucru. Aşa cum cel care se acceptă pe sine, în adâncul fiinţei lui îi acceptă uşor şi pe ceilalţi.

Avem în spate o istorie plină de judecăţi critice şi nu e uşor să ne dezbărăm de ele, mai ales când tot ceea ce ne înconjoară merge în direcţia asta. Dar gândul la liniştea copiilor noştri ne poate motiva pentru a începe schimbarea în sensul dorit. Iar, în final, nu doar copiii noştri vor fi cei câştigaţi, ci şi noi.

Desigur, marea întrebare este cum ne putem întoarce la gândul curat şi bun, când mintea noastră este într-un iureş permanent de gânduri care se rostogolesc unele din altele? Răspunsul nu este unul foarte uşor, dar ne este de ajutor dacă realizăm că gândurile noastre au efect, iar calea cea mai scurtă spre bine creşte din acele gânduri îndreptate spre bună-credinţă, onestitate, iubire lipsită de interes, eliminare a judecăţilor şi a vorbelor de prisos, concentrare pe viaţa şi pe evoluţia noastră în raport cu noi şi nu cu alţii, în respect faţă de noi înşine şi faţă de ceilalţi.

Dacă vrem să ne schimbăm, cel mai important este *să dorim* conştient acest lucru şi *să ştim direcţia* în care vrem să ne schimbăm, chiar dacă nu ştim cum să o facem. Odată intenţia şi finalitatea declarate mental, ele vor deschide singure drumul şi, uşor-uşor, ne vom trezi în plin proces al schimbării, odată cu alegerile pe care le facem.

În mintea strâmbă şi lucrul drept se strâmbă — spunea Arsenie Boca. Asta înseamnă că, indiferent de realitatea obiectivă, mintea noastră o deformează dacă tiparele de gândire pe care le avem sunt canalizate, din start, spre o imagine gata fabricată, sau dacă gândurile ne sunt întortocheate şi lipsite de claritate.

Unul din cele mai mari daruri pe care îl poţi face copilului tău este să îl înveţi *să gândească.* Dincolo de prejudecăţi, norme şi cărări gata bătute. Fiecare situaţie, fiecare om necesită o înţelegere particulară, obiectivă, raportată la context. O înţelegere profundă a vieţii şi a naturii umane. Dacă prin ceea ce faci tu doar îi transmiţi copilului tău un *mod de a gândi*, o cale pe care să meargă, reflectează, înainte de toate, dacă acest *mod de a gândi* — pentru că de la el pleacă întreaga ta viaţă —

ţi-a adus ţie fericirea, seninătatea şi bucuria! Dacă nu, atunci întreabă-te de ce vrei să i-l transmiţi? Pentru că tu însuţi nu cunoşti altul? Atunci, poate că doar dându-i libertatea de a gândi îi oferi şi o şansă de a-şi găsi fericirea.

Nu-i da copilului tău să ducă propriul tău balast. Uită-te bine la tine atunci când îi transmiţi ceva. Şi vezi dacă acel lucru ţi-a adus ceva bun. Bun, în sensul de linişte interioară, căci acolo se află fericirea.

Mintea omului lucrează continuu, fără răgaz, adesea nelăsându-l *să-şi tragă sufletul.* Multe sunt gândurile noastre, clare sau învălmăşite, frumoase sau urâte. Cu mintea şi credinţa din spatele ei ne creăm realitatea în care trăim. Cu mintea ne făurim visele şi lucrăm la dorinţele noastre. Cât de mult contribuie mintea la construirea realităţii dimprejur observa Dănuţ, un băieţel de 5 ani, spunând: „Mami, mintea mea a plecat să facă un om de zăpadă". Înainte să ne construim casa, ne gândim la ea, înainte să ne cumpărăm ceva de îmbrăcat, ne gândim la ce avem nevoie şi cum am vrea să arate, înainte să ne angajăm, ne gândim ce vrem de la acel serviciu (bani, statut social şi imagine, confort, colegi buni etc.), înainte să ne căsătorim, avem nişte aşteptări care tot prin gânduri sunt create. Gândurile ne creează realitatea şi, dacă ne uităm fiecare cu atenţie unde ne aflăm acum şi care erau gândurile şi dorinţele din trecut, dacă punem sub lupă această distanţă dintre trecut şi prezent, vom vedea că putem trage un fir între ele, că există o legătură directă. Se poate ca această legătură să nu fie vizibilă la prima vedere, dar dacă ţi-ai dorit să realizezi ceva şi nu ţi-a reuşit gândeşte-te câtă încredere ai avut de la început că vei putea face acel lucru.

Dar ce să facem cu gândurile noastre? Cum să oprim ceva ce pare fără odihnă? Cum să nu le dăm copiilor noştri această încărcătură, tiparele noastre mentale care nu aduc nimic bun în propria-ne viaţă?

În primul rând este important să înţelegem *sursa* gândurilor rele, negative, distructive, care ne mănâncă liniştea. În spatele lor se află teama, sub diferitele ei aspecte: de boală, de sărăcie, de singurătate, de moarte, teama că nu suntem iubiţi etc. Cu cât teama este mai mare, cu atât gândurile sunt mai înspăimântătoare şi au o forţă distructivă sporită. Multe din deciziile şi acţiunile noastre au la bază teama de ceva. Se poate ca în spatele unei relaţii de cuplu să se afle mai degrabă teama de singurătate, sau teama de lipsuri materiale, financiare. Se poate ca, atunci când ne copleşim copilul cu mult prea multe solicitări şi sarcini pentru vârsta lui, la bază să se afle teama pentru viitorul care îl aşteaptă: teama că nu va fi în rând cu ceilalţi, teama că alţi copii vor fi mai buni decât el etc. Multe temeri se pot afla în spatele celor mai simple decizii pe care le luăm. Atunci când ţii morţiş la un anumit lucru pentru copilul tău, uită-te cu atenţie şi vezi ce se află sub dorinţa ta: este cu adevărat vorba despre binele sau siguranţa lui, sau mai curând despre o teamă a ta pentru el? *Nu confunda teama ta pentru el cu siguranţa sau binele lui, pentru că nu sunt totuna.*

Toate gândurile urâte vin din teamă. Dacă suntem bântuiţi de ele, trebuie să ne întrebăm: „De ce îmi este frică?“ Coboară în adâncul ființei tale şi caută adevărul. Doar acolo îl vei găsi. Doar tu vei şti cu adevărat ce monştri ai de stârpit. Odată ce vei afla care sunt temerile tale, întreabă-te ce poţi face ca să le alungi şi răspunsul va veni. Trebuie să ai răbdare şi el se va arăta. Dar, ca să le alungi pentru totdeauna, e nevoie de muncă multă, constantă şi de un far călăuzitor. Indiferent unde te-ai afla, trebuie să ştii încotro te îndrepţi.

Ştim că sursa gândurilor noastre negre este teama, dar care este sursa acesteia din urmă? Cred că aici putem vorbi cel puţin despre două aspecte ale fiinţei umane, *neîncrederea* omului în el însuşi, pe de o parte, şi *lipsa cunoaşterii*, pe de altă parte.

Desigur, se poate vorbi şi despre frici ca rezultat al unor experienţe traumatizante care ne sensibilizează şi ne amplifică emoţiile şi gândurile negative.

Referitor la lipsa cunoaşterii, este util ca în situaţii critice să nu intrăm în panică. Pentru că, evident, panica ne va orbi şi nu vom putea întrezări soluţiile. Este mai de ajutor să ne păstrăm calmul şi să scrutăm cât mai departe. Dacă mintea şi sufletul sunt liniştite, soluţiile nu vor întârzia să apară. Fii conştient că modelul tău de „reacţie“ la situaţii îl vei transmite şi copilului. Şi cel mai potrivit este să nu reacţionăm, ci să acţionăm după ce, redobândindu-ne liniştea interioară, vedem, analizăm şi ne conducem firul logic cât mai aproape de soluţia care suntem convinşi că se va ivi.

Iar soluţia pe care o găsim — am mai spus — ea poate să nu fie cea perfectă, sau cea pe care ne-o dorim cel mai tare, dar aici intră în joc alte capacităţi ale noastre, cum ar fi maleabilitatea. Atunci când eşti într-o situaţie delicată sau de criză, maleabilitatea te poate salva determinându-te să accepţi temporar o soluţie, care se poate să nu îţi fie tocmai pe plac. Dar te ajută să depăşeşti momentul şi îţi dă răgazul de care ai nevoie ca să te repliezi.

Când eşti într-o situţie critică, informează-te. Nu lăsa spaimele să îţi inunde sufletul, căci căderea va fi mare, iar ieşirea la lumină va fi şi mai grea. Uită-te în jurul tău şi vezi care sunt oamenii pe care te poţi baza. Pune-ţi întrebări atât ţie, cât şi celor din jurul tău, citeşte, studiază, caută. Nu ştii de unde va veni ajutorul.

Neîncrederea omului în sine, ca sursă principală a temerilor noastre, mi se pare un aspect grav. Aspect care se transmite mult de la o generaţie la alta, prin educaţie. Atunci când introducem copilul în tot felul de programe, indiferent dacă i se potrivesc sau nu, când îl înregimentăm şi îl apreciem doar dacă este în rând cu ceilalţi, îi distrugem, de fapt, încrederea în el şi în capacitatea lui de a fi. Ne învăţăm copiii să creadă în mama şi tata, în biserică, în legi etc., dar nu îi învăţăm să creadă în ei. Odată surpată încrederea în ei înşişi, sunt gata să cadă la prima piedică, căci în inima lor nu a fost sădit sâmburele credinţei „caută şi vei găsi".

Dacă ai aflat care este sursa temerilor tale, ai făcut un pas mare. Lasă descoperirile să se aşeze. Priveşte-ţi fricile în faţă şi caută să înţelegi cât de mult îţi influenţează ele gândurile, cuvintele, acţiunile, alegerile pe care le faci.

Dacă fricile te copleşesc şi simţi că nu le poţi gestiona sau depăşi singur, poţi apela la un ajutor specializat, nu este nici o ruşine în asta. Trebuie doar să găseşti persoana competentă şi potrivită.

Există câteva modalităţi prin care gândurile pot fi uşor-uşor schimbate. Sigur ai auzit despre ele, dar una e să auzi, alta e să înţelegi şi alta e să experimentezi.

- Focusează-te pe *aspectele pozitive* din viaţa ta. Dacă o priveşti prin comparaţie cu a altora, vei fi veşnic nefericit. Întotdeauna va fi cineva care are mai mult decât tine. Focusează-te pe *lucrurile frumoase* din viaţa ta, pe ceea ce îţi place să faci, nu lăsa să-ţi scape ceea ce îţi produce bucurie.

- Concentrează-te pe *lucrurile importante* din viaţa ta. Asta nu îţi va schimba calitatea gândurilor pe moment, dar îţi va aduce beneficii şi mulţumiri pe termen lung. Şi te va optimiza.

- *Schimbă ceva*, poţi să o faci puţin câte puţin: în modul în care priveşti lucrurile, în modul în care te vezi pe tine, pe ceilalţi, în cuvinte, în fapte etc. Şi ţine ritmul, chiar dacă aspecte care nu îţi plac ies iar la iveală. Tu continuă-ţi munca de recreare (sau regăsire) a ta.

- Ieşi din cercul tău aşa-zis confortabil — câteodată prea mult confort, mai ales în sensul de lene mentală, strică.

- *Ascultă muzică*, este terapeutică, sunetele armonioase pot vindeca sufletul. Aici recomandarea este de a avea grijă ce muzică asculţi. A-ţi plăcea un gen de muzică e una şi a-ţi vindeca sufletul e alta. Sufletul tău poate să aibă nevoie de alte lucruri decât personalitatea ta.

- Fă ceva *doar pentru tine!* Stabileşte-ţi un timp — o oră, sau cât vrei tu — în care să faci doar ceea ce îţi creează plăcere.

- *Citeşte* — lectura poate fi un bun terapeut şi o mare sursă de înţelepciune.

- Alege cu grijă emisiunile la care te uiţi la televizor, întreabă-te dacă ştirile pe care le auzi sau le citeşti te ajută cu ceva, dincolo de apăsarea pe care ţi-o dau...

- Plimbă-te în aer liber — *în mijlocul naturii* e cel mai uşor să te regăseşti.

- Meditează, ia-ţi un răgaz pentru sufletul tău, despovărează-l puţin de toate grijile, lasă-l să respire: se va revigora şi va căpăta puteri pentru a face faţă provocărilor din nou.

*

Gândirea defineşte natura umană. Este parte vitală a noastră, este un proces dinamic pe care trebuie să-l gestionăm, să-l creştem, să-l epurăm de-a lungul timpului. Este o ecuaţie cu multe necunoscute, pe care le descoperim pe măsură ce înaintăm în vârstă şi experimentăm viaţa. Este sursa creatoare a vieţii noastre, a vieţii copilului tău.

O viaţă bună se poate prefigura doar în lumina unor direcţii bune ale gândirii. Drumurile pe care le putem urma sunt nenumărate, însă anumite căi ştim sigur unde ne duc.

Calea gândirii este calea raţiunii, a înţelegerii profunde a fiinţei umane şi a lucrurilor care o înconjoară.

Calea gândirii este drumul drept, al corectitudinii şi al onestităţii. Nu este o cale a ta individuală, ci una în care trebuie să veghezi în egală măsură atât asupra interesului tău, cât şi asupra interesului celorlalţi.

Calea gândirii este calea deciziilor pe care le iei, a alegerilor care îţi pot înfrumuseţa sau urâţi viaţa.

Rezumat la final de capitol

- Liniştea interioară depinde de natura gândurilor noastre. Fiecare om are un mod propriu de a-şi *rumega* gândurile.
- Gândirea este un proces de cunoaştere ce începe în copilărie şi se impregnează cu modelele de gândire din jur. Părinţii sunt cei care transmit copilului *aritmetica* acestui proces.
- A gândi se învaţă. O gândire sănătoasă se bazează pe înţelegerea fiecărei situaţii în particularitatea ei şi pe eliminarea prejudecăţilor.
- Lumea subiectivă este impregnată de emoţiile şi trăirile noastre, care duc la transformarea realităţii obiective. Atunci când cele două realităţi se apropie foarte mult, omul creşte în viaţa spirituală.

- Gândurile negative îşi au sursa în fricile noastre. Iar fricile — în îndoiala omului asupra capacităţilor lui, în lipsa cunoaşterii, şi, nu în ultimul rând, în traumele suferite.

- Schimbarea gândurilor este un proces lung, pentru care trebuie să te înarmezi cu multă răbdare. Fiecare moment al vieţii tale este important în acest proces.

- Alege calea cea mai potrivită ţie în abordarea schimbării. Fă diferenţa dintre a şti ceva şi a experimenta acel ceva. Experienţa are valoarea ei.

- Fără să vrem, preluăm de la părinţi, din mediul în care am trăit ca şi copii, o moştenire puternică: mecanismul gândurilor noastre. Şi toată viaţa ne luptăm cu ceea ce produce el. Când ne educăm copiii le transmitem tiparele noastre de gândire, sentimente şi comportamente ale noastre, surse ale evoluţiei lor.

- Atunci când ne dorim ca moştenirea noastră să fi fost alta, să privim cu atenţie ceea ce dăm *noi* mai departe.

7
Tu eşti învăţătorul copilului tău!

A fi părinte este precum mersul pe sârmă. Ai nevoie de echilibru ca să duci cu bine proiectul până la capăt. Fără el, poţi aluneca uşor într-o parte sau alta. Responsabilitatea părintească exacerbează grijile şi temerile pentru copil, unele de altfel fireşti. Fără un control emoţional şi mental rişti să-i faci rău copilului fără să vrei. Echilibrul nu vine însă de la sine: o parte îţi este transmis genetic şi prin educaţie, dar o parte importantă este rezultatul muncii tale cu tine însuţi. Ţelul nobil de a creşte un copil armonios şi de a-l ajuta să-şi împlinească potenţialul te va sprijini, însă, în găsirea echilibrului.

A fi părinte este alegerea ta. Este un drum cu multe învăţături. Este o experienţă pe care nimeni nu ţi-o poate lua: experienţa creşterii tale împreună cu copilul tău. Şi orice piedică s-ar ivi să ştii că este doar o treaptă în propria-ţi evoluţie.

A fi părinte este o bucurie, dar şi o mare responsabilitate. Cunosc şi înţeleg greutatea acestei responsabilităţi. Însă nu este obligatoriu să te laşi strivit de ea. Cred că putem să ne achităm de responsabilităţi şi fără să ne simţim apăsaţi de ele. Avem nevoie, pentru asta, de o înţelegere profundă a vieţii. De o pătrundere şi o discernere a lucrurilor cu adevărat importante. De o credinţă puternică atât în sensul ascuns al situaţiilor dificile întâlnite, cât şi în capacitatea noastră de a le face faţă, de o implicare totală în a realiza tot ceea ce ne stă în putere şi ţine de noi.

A fi părinte înseamnă să fii învăţătorul copilului tău! Un învăţător care să predea cu bucurie cele mai importante lecţii ale vieţii, un învăţător care să fie urmat cu încredere şi respect! Dar, pentru asta, tu trebuie să te ridici în ochii copilului tău.

Adu lumina şi zâmbetul pe chipul lui şi el te va urma cu toată inima. Veţi păşi umăr lângă umăr, învăţător şi învăţăcel, bucurându-vă împreună de creaţiile voastre.

Nu lăsa educarea copilului tău pe mâinile altcuiva, decât după ce ai pus tu bine temeliile. Şi, atunci când el a intrat într-un sistem de educaţie, fii atent pe mâinile cui îl dai. Fii vigilent, alege bine educatorii lui, nu te mulţumi cu titlul lor, ci priveşte-i în inimă şi vezi care le sunt motivaţiile. Fii atent şi nu lăsa uşa deschisă străinilor să calce în picioare sufletul copilului tău!

Copilul tău cuprinde un întreg univers. Are din toate în el, dar în proporţii diferite. Observă-l cu atenţie şi vezi din ce anume are mai mult, care-i sunt înclinaţiile. Ce seminţe strălucesc în el, căci pe acelea tu trebuie să le uzi ca să crească.

Copilul tău are un potenţial de împlinit şi, dacă îl îndrumi în sensul opus acestuia, atunci va veni un moment în care sentimentul înstrăinării îi va bântui fiinţa, indiferent de câte cărţi a învăţat pe de rost, sau de câte bunuri materiale a ajuns să posede.

Întreaga ta personalitate joacă un rol profund în descoperirea şi întărirea motivaţiilor interioare ale copilului tău. Da, ai înţeles bine, a motivaţiilor interioare. Atunci când îl ajuţi să descopere lucrurile spre care are înclinaţie şi îl încurajezi pe acest drum, motivaţia lui interioară creşte în mod firesc, natural şi puternic. La fel se întâmplă când faceţi cu bucurie lucruri împreună. Sau când el se uită cu admiraţie la tine şi vrea să facă şi el ceea ce faci tu. E dificil şi nesănătos să creşti un copil legat doar de stimulente exterioare ca să facă anumite lucruri. Pe de o parte, îl faci dependent de alţii, iar, pe de altă parte, stimulentele materiale nu vor fi niciodată de ajuns — întotdeauna va avea nevoie de şi mai mult pentru a fi satisfăcut. Orice satisfacţie rezultată din motive exterioare va păli repede şi va trece imediat spre următorul nivel de insatisfacţie.

Motivaţia este un aspect delicat, dar esenţial al educaţiei, de care tu, ca părinte, trebuie să te îngrijeşti. Motivaţia este cel mai important resort al copilului tău, cea care îi dirijează comportamentul. Atunci când vrei să obţii de la el un anumit mod de a se purta, nu încerca să o faci oricum, ci având grijă la ceea ce l-ar putea motiva pe el.

Nu este atât de greu, dacă te obişnuieşti să-l priveşti cu atenţie. În mod firesc, oamenii transmit în jur sentimentele pe care le poartă. Există o reflexie pentru lumea interioară a fiecăruia. Nu trebuie decât să fii atent şi să observi.

Rolul de educator este cel mai mare rol pe care poţi să-l joci în viaţa copilului tău. Educaţia părintească poate potenţa sau inhiba dezvoltarea copilului. O educaţie în spiritul iubirii şi al devenirii lui ca om este un teren fertil pentru împlinirea potenţialului cu care se naşte.

Multe rele îşi au cauza în educaţia prin impunere, în educaţia lipsită de iubire şi de atenţie pentru noi înşine şi pentru semenii noştri.

Înainte de a sădi respectul faţă de orice altceva, trebuie sădit respectul faţă de propria fiinţă. Iubirea adevărată şi respectul faţă de sine se vor răsfrânge şi asupra celor din jur.

Educaţia actuală urmăreşte respectarea regulilor sociale, a celor din jur, dar pierde din vedere respectarea propriei persoane. Construind societatea, omul s-a pierdut pe sine. Dar ce este o societate fără individ? Nu putem trăi într-o societate frumoasă fără ca membrii care o alcătuiesc să deţină această calitate.

De cele mai multe ori, educaţia primită acasă sau la şcoală sădeşte seminţele viitoarelor conflicte interioare. Situaţiile de genul *Pe cine iubeşti mai mult, pe mama sau pe tata?* creează din start un conflict interior. Ce copil ar putea răspunde sincer la această întrebare? În ciuda răspunsului corect *Pe amândoi*, care gâdilă orgoliul părinţilor, situaţia pune pe umerii copilului o mare povară, iar copilul îşi pune singur eticheta în mintea lui: *Nu sunt un copil bun. Eu nu-i iubesc la fel pe amândoi!*

Întreaga educaţie dată pentru adaptarea copilului la social creează conflicte, dacă nu se face treptat, potrivit vârstei, cu iubire, astfel încât să fie înţeleasă şi integrată de către copil.

A fi un educator bun pentru copilul tău înseamnă a te adapta la personalitatea lui și la lumea lui interioară, la nevoile și la înclinațiile lui firești. Nu încerca să urmărești un scop fix prin el, căci el reprezintă o lume nouă, ce se formează sub influența baghetei tale magice. Și nu ai cum să știi de la început ce resurse ascunde această lume. *Rolul tău este să le descoperi și să creezi toate premisele ca ele să fie valorificate.*

Cu toții primim la naștere sarcina autoeducării noastre. Cu toții avem datoria să ne valorificăm potențialul. Când ești părinte, această sarcină se dublează. Nu este una ușoară, dar îți oferă atâtea satisfacții! Fiecare generație pregătește terenul generațiilor următoare. Acum *este rândul tău* să îți aduci contribuția. Înțelege-i pe cei de dinainte, fiindcă au făcut tot ce au putut ei, în contextul pe care l-au trăit. Iartă-i, dacă au avut scăpări. Acum este rândul tău să faci lucrurile. Acum TU ești cel care poate schimba paradigma în familia ta. Adică poți stopa transmiterea mai departe a unor moșteniri care nu îți plac și care ți-au fost ție povară.

Gândeşte-te: cum se va reflecta educaţia pe care i-o dai acum copilului tău în omul de mai târziu? Cum îi va influenţa viaţa interioară şi viaţa socială? Cum vei influenţa tu, prin copilul tău, lumea din jur?

Nu neglija influenţa pe care o exerciţi asupra lui, pentru că este un aport important în viaţa copilului tău. Ea există şi nu este minimală. Conştientizeaz-o şi îndrum-o în direcţia cea mai potrivită a formării lui ca Om. Este responsabilitatea şi menirea ta de părinte. Multe abilităţi ale tale trebuie să lucreze la ducerea acestei meniri la bun sfârşit. Dar ce poate fi mai măreţ decât să îţi aduci contribuţia la crearea unei vieţi frumoase?

Rezumat la final de capitol

- Pentru a fi un părinte bun, ai nevoie de echilibru mental şi emoţional.
- Nu te lăsa strivit de responsabilitatea de părinte, căci vei fi privat de bucuria rezultată din ea.
- Piedicile întâlnite în calitate de părinte sunt trepte ale creşterii tale.
- Tu eşti cel mai bun învăţător al copilului tău. Luminează-i drumul cu respectul cuvenit şi împărtăşeşte cu el bucuria vieţii, iar el te va urma cu inima deschisă.
- Învaţă-l stima faţă de sine înainte de orice altceva. Stima lui de sine este parte din respectul tău faţă de el.
- Ca părinte, ai un rol esenţial în descoperirea şi întărirea motivaţiilor lui interioare. Astfel, creezi

premisele valorificării potenţialului lui şi susţii forţa care îl va propulsa în trecerea prin marea aventură a vieţii.

- Educaţia copilului tău — pe calea de a fi om — poate fi contribuţia ta la edificiul unei lumi mai frumoase şi mai bune.

Otopeni, 13 octombrie 2013

Printed in Great Britain
by Amazon